© Verlag Zabert Sandmann GmbH
München
3. Auflage 1997
ISBN 3-932023-00-5

Zeichnungen	Franziska Becker und Papan
Fotos	Stefan Walter
Redaktion & DTP	Reinhardt Hess
Redaktionelle Beratung	Claus Lüttig
Grafische Gestaltung	ZERO/Georg Feigl
Herstellung	Peter Karg-Cordes
Lithografie	inteca Media Service GmbH, Rosenheim
Druck & Bindung	Mohndruck, Gütersloh

Alfredissimo – Kochen mit Bio
ist eine Produktion des
Westdeutschen Rundfunks Köln

Alfred Biolek

Die Rezepte meiner Gäste

Mit Zeichnungen von Franziska Becker und Papan
und Fotos von Stefan Walter

Inhalt

Die Rezepte meiner Gäste

Kapitel 1	**Die Gäste**	6–9
Kapitel 2	**Kochen mit meinen Gästen**	10–15
Kapitel 3	**Vorspeisen und Snacks**	16–29
Kapitel 4	**Suppen, Eintöpfe und Aufläufe**	30–51
Kapitel 5	**Gemüse und Beilagen**	52–63
Kapitel 6	**Nudeln, Pasta und Reis**	64–79
Kapitel 7	**Fische und Meeresfrüchte**	80–93
Kapitel 8	**Geflügel**	94–107
Kapitel 9	**Fleisch und Wild**	108–127
Kapitel 10	**Desserts und Süßes**	128–141
Anhang	**Rezeptregister**	142–143

Die Gäste

Dr. Franz-Josef Antwerpes
Der Regierungspräsident von Köln betreibt Weinbau auf dem Balkon, legt Mirabellen selbst ein und ist begeisterter Hobbykoch.

Dirk Bach
Wenn der Schauspieler und Komiker sein »Chili con carne« kocht, dann ist das für ihn »ein wunderbares Ladenschlußgericht«.

Michael Ballhaus
Einer der begehrtesten Kameramänner der Welt, doch er zieht das Kochen zu Hause dem Starrummel von Hollywood vor.

Blixa Bargeld
Für den Kopf der Avantgarde-Pop-Gruppe »Einstürzende Neubauten« ist Kochen eine Schule der Sinnlichkeit.

Konrad Beikircher
»Bei mir könnten jeden Tag Überraschungsgäste zum Essen kommen«, sagt der Kabarettist und begeisterte Hobbykoch.

Ingrid Biedenkopf
Die Gattin des Ministerpräsidenten des Freistaates Sachsen lebt in Dresden und bemüht sich um den Erhalt der sächsischen Küche.

Roberto Blanco
Er überläßt die Küche lieber seiner Frau Mireille. Aber wenn Freunde kommen, muß der Sänger und Entertainer doch selbst an die Töpfe.

Marita Blüm
Die Ehefrau des Bundesarbeitsministers kocht gerne schnelle Gerichte und wärmt spätabends »rapp-zapp« etwas auf.

Bettina Böttinger
Die Moderatorin überrascht auch kulinarisch, seit ihrem 18. Lebensjahr sammelt sie Rezepte und ist begeisterte Köchin.

Rainer Brüderle
Der stellvertretende FDP-Bundesvorsitzende und rheinland-pfälzische Minister liebt die bodenständige Küche seiner Heimat.

Jochen Busse
»Alleine essen ist langweilig« für den Kabarettisten und Schauspieler, der Familie und Freunde mit Leckerem verwöhnt.

Montserrat Caballé
Seit über 30 Jahren bezaubert die Diva ihr Publikum auf den Opernbühnen. Daheim kocht die Vegetarierin für ihre Familie.

Campino und Kuddel
Auch Punkmusiker kochen! Campino (Leadsänger) und Kuddel (Gitarrist) der Punk-Band »Die Toten Hosen« sind überzeugte Düsseldorfer und lieben Altbier.

Marlène Charell
Ihr gelang der große Durchbruch als Tänzerin im Pariser »Lido«. Marlène kocht am liebsten rustikale, deftige Gerichte.

Karl Dall
Der Chaostalker nimmt bekanntlich nichts ernst. Nur die »Saunudel«, ein mit Käse überbackener Nudelauflauf, ist ihm heilig.

Renan Demirkan
Die Film- und Fernsehschauspielerin und Bestseller-Autorin kocht mit Begeisterung türkische Gerichte aus ihrer Heimat.

Frank Elstner
Der in Luxemburg lebende Showmaster ist nicht nur Rotweinfan, sondern bezeichnet Kochen als seine »heimliche Leidenschaft«.

Björn Engholm
Der frühere Ministerpräsident Schleswig-Holsteins entdeckte als junger Abgeordneter seine Lust am Wein und am Kochen.

Veronica Ferres
Die erfolgreiche Schauspielerin liebt als Tochter Solinger Kartoffelhändler die bergische Küche und Bratkartoffeln.

Herbert Feuerstein
Der in Österreich geborene Entertainer bezeichnet sich selbst als Allesesser und bereitet am liebsten Couscous zu.

Wolfgang Fierek
Der Schauspieler und Bayer liebt die Weiten der Vereinigten Staaten. Besonders die Küche in Louisiana hat es ihm angetan.

Joschka Fischer
Der Fraktionschef von Bündnis 90/Die Grünen liebte die österreichisch-ungarische Küche seiner Mutter und kocht perfekt schwäbisch.

Cornelia Froboess
Die Berliner Göre von einst lebt heute als Theater- und Fernsehschauspielerin mit Familie auf ihrem Chiemgauer Bauernhof.

Dr. Heiner Geißler
Der stellvertretende Vorsitzende der CDU/CSU-Bundestagsfraktion ist leidenschaftlicher Pilzesammler und Anhänger der einfachen Küche.

Evelyn Hamann
Eine Nudel hat sie berühmt gemacht. Aber die Schauspielerin ist nicht nur durch den Loriot-Sketch vielen bekannt.

Heino
Nur wenige wissen, daß der Schlagersänger gelernter Bäcker ist. Seine Spezialitäten: die österreichischen Mehlspeisen.

Maria und Margot Hellwig
Sie sind der Inbegriff der deutschen Volksmusik und können nicht nur jodeln, sondern ebensogut kochen. Am liebsten mögen sie die bayrische Küche.

Die Gäste

Die Wildecker Herzbuben
Die volkstümlichen Schlagerstars sind auch mit der Küche ihrer hessischen Heimat verbunden – »am besten schmeckt es uns daheim«.

Christiane Herzog
An freien Tagen steht die »First Lady« selbst in der Küche des Berliner Schlosses Bellevue und verwöhnt die Familie mit eigenen Kreationen.

Dr. Regine Hildebrandt
Die brandenburgische Ministerin kocht nur am Wochenende. Dann aber perfekt organisiert – mit Menü und mehreren Kuchen gleichzeitig.

Heinz Hoenig
Für seine Kochkünste ist der Fernseh- und Filmschauspieler nicht geehrt worden, obwohl ihm ein Küchenpreis zustünde.

Friedrich Jahn
Wenn der Hendl-König, gelernter Koch und Kellner aus Linz, am Herd steht, brutzelt natürlich ein Hähnchen in der Pfanne.

Dame Gwyneth Jones
Ihr Repertoire von über 60 Opernrollen hat die Sopranistin auf die größten Bühnen der Welt geführt. Entspannung findet sie in Küche und Kräutergarten.

Sabine Kaack
Die Fernsehschauspielerin, in Schleswig-Holstein geboren, lädt einmal im Jahr alle Freunde zum großen Grünkohlessen ein.

Heidi Kabel
Die große Volksschauspielerin bleibt auch in der Küche ihrer Herkunft treu. Norddeutsche Gerichte haben bei ihr Vorrang.

Hellmuth Karasek
Der Film- und Literaturkritiker ist in der heimischen Küche genauso zu Hause wie in der Welt des Kinos und der Bücher.

Christine Kaufmann und Allegra Curtis
Die erstaunlich jung aussehende Schauspielerin schwört auf gesunde Ernährung, aber das Essen muß schmecken, sonst kann es nicht gesund sein. Mit ihrer Tochter Allegra, die als Schauspielerin in Los Angeles lebt, kocht sie gemeinsam.

Hape Kerkeling
Der Kabarettist und Komiker mag am liebsten »so fette italienische Gerichte«. Und Grießflammerie kann er nicht ablehnen.

Alice und Ellen Kessler
Viele Jahre in Rom, »das prägt den Gaumen und regt die Kochkünste an«, so das Motto der berühmten Zwillinge. Obwohl sie in Hongkong auch chinesisch kochen gelernt haben.

Ulrich Kienzle und Bodo H. Hauser
Es ist hinlänglich bekannt, daß die Moderatoren des Polit-Magazins »Frontal« außer ihrer Sendung nichts gemeinsam haben. Aber für »Alfredissimo!« kamen sie doch in der Küche zusammen.

Hannelore Kohl
Die Gattin des Bundeskanzlers hat eine »Kulinarische Reise« zugunsten ihrer Stiftung herausgebracht. Am liebsten kocht sie daraus die Leibspeise ihres Mannes.

Pavel Kohout
Der tschechische Schriftsteller hat sich immer stark für sein Heimatland eingesetzt. Mit seinen Rezepten zeigt er, wie einfach die Leute dort lebten.

Elke Koska und HA Schult
Elke Koska ist eine kreative Spitzenköchin, die das Spektakuläre liebt. Um Käufer für die Kunst ihres Lebensgefährten HA Schult zu begeistern, richtet sie an ungewöhnlichen Orten große Einladungen aus.

Marion Kracht
Die Theater- und Fernsehschauspielerin freut sich immer, nach einem Drehtag zu Hause vegetarisch kochen zu können.

Maren Kroymann
Mit dem Kochen hat sie als Studentin begonnen, gelernt hat sie es aus Kochzeitschriften, dann in Frankreich.

Hardy Krüger jr.
Erst wollte er Koch werden, dann besuchte er doch eine Schauspielschule und finanzierte seine Ausbildung als Barmann.

Dr. Salcia Landmann
Sie ist mit weit über 80 Jahren eine der letzten jüdischen Überlebenden Ostgaliziens, eines Gebietes in der heutigen Ukraine. Sie hat auch Bücher über dessen traditionelle Küche veröffentlicht.

Viktor Lazlo
Die in Frankreich geborene Sängerin und Schauspielerin verwöhnt ihren Sohn Maxime mit ihrer internationalen Küche.

Lea Linster
Eine alte Kochfreundin von Alfred Biolek und Sterneköchin aus Luxemburg. Von ihr hat er viele Tips und Inspirationen.

Jürgen von der Lippe
Kochen und mit Gewürzen experimentieren sind seine Leidenschaft. Wenn er auf Tournee ist, kocht er fürs Team und sich.

Christa Ludwig
Als Mezzo-Sopran hat sie in allen großen Opernhäusern gesungen. 1994 beendete sie ihre Gesangskarriere und darf endlich essen, was sie möchte.

Nkechi Madubuko
Die junge VIVA ZWEI-Moderatorin betreibt Leistungssport, studiert Soziologie und hält sich mit leichter Küche fit.

Die Gäste

Franca Magnani
Die langjährige Rom-Korrespondentin der ARD stand schon als Kind in der Küche und knetete eifrig Teig für Gnocchi.

Leslie Malton
Die Theater- und Fernsehschauspielerin lebt in Berlin, erinnert sich aber beim Kochen gern an ihre amerikanische Vergangenheit.

Marie-Luise Marjan
Daß »Helga Beimer« eine gute Köchin ist, wissen die Fans der »Lindenstraße«. Auch privat ist sie eine passionierte Küchenfee.

Marusha
Trotz Techno-Star kein Fastfood! Die Halb-Griechin überzeugte schon ihren Vater, Profi-Koch, von der vegetarischen Küche.

Henry Maske
Der Box-Weltmeister aus Frankfurt/Oder ist auch in der Küche ein großer Stratege. Am liebsten mag er Eintöpfe jeder Art.

Michaela May
Die Münchner Schauspielerin versucht, täglich ihre Familie mit ihren hervorragenden Kochkünsten zu verwöhnen.

Hans Meiser
Eines der gefährlichsten Dinge, die der Talkmeister Hans Meiser je gemacht hat, sind die riskanten »Salzburger Nockerl«.

Reinhard Mey
Der Liedermacher und Chansonsänger kocht wenig, versorgt seine Kinder aber gern »mit einfachen Magiertricks«.

Rosi Mittermaier und Christian Neureuther
Beide beendeten ihre aktive Skikarriere mit den Olympischen Spielen 1976 in Innsbruck. Rosi ist heute Hausfrau und Mutter, Christian kümmert sich »ums Geschäft« (Skifirma, Gasthof und mehr). Außer wenn es große Ereignisse im Skisport zu kommentieren gilt.

Tobias Moretti
Der Fernsehstar (»Kommissar Rex«) spielt auch Theater und veranstaltet italienische Pasta-Orgien für Freunde und Kollegen.

Ralph Morgenstern
Der Moderator und Schauspieler nimmt sich trotz vieler Proben oft die Zeit, auf Märkten einzukaufen, um zu Hause in aller Ruhe zu kochen.

Nana Mouskouri
Als Wohnsitze nennt die gebürtige Athenerin Genf und Paris, obwohl der Sitz im Europäischen Parlament sie oft nach Straßburg und Brüssel führt.

Wencke Myhre
Für die norwegische Allround-Künstlerin war das Examen an der Kochschule wichtiger als die Premiere am Theater.

Jule Neigel
Die in Sibirien geborene Popsängerin liebt die asiatische Küche. Sie glaubt, daß jede Nahrung männliche oder weibliche Energie enthält.

Nicole
Seit sie 1982 mit »Ein bißchen Frieden« den Grand Prix D'Eurovision gewann, ist sie als Sängerin, Mutter und Hausfrau erfolgreich.

Sissy Perlinger
Kabarettistin, Clown und Multitalent – jetzt experimentiert die Schauspielerin und Sängerin auch in ihrer Küche.

Walter Plathe
Seine Leibspeise, Eisbein mit Kraut, bereitet der in Berlin geborene Schauspieler normalerweise in weitaus größerer Menge für Kollegen zu.

Witta Pohl
Als »Vera Drombusch« wurde sie zum Fernsehliebling. Die sozial engagierte Schauspielerin kocht »am liebsten für etwa acht Leute«.

Die Prinzen
Meisterköche sind die fünf Popstars aus Leipzig (noch) nicht. Sie mögen deftige Kost wie »obermäßige« Kohlrouladen.

Stefan Raab
Der Moderator beim Jugendsender VIVA stammt aus einer Metzgerfamilie und hat sogar im elterlichen Betrieb eine Lehre abgeschlossen.

Thomas Reiter
Als deutscher Astronaut in der russischen Raumstation MIR machte er Schlagzeilen – privat ist er begeisterter Hobbykoch.

Gerd Ruge
Der Fernsehreporter, der viele Jahre für die ARD berichtete, lernte in Peking von seinem einheimischen Koch die Kunst der chinesischen Küche.

Barbara Rütting
Die Schauspielerin und erfolgreiche Kochbuchautorin ist alles andere als eine »verknöcherte Predigerin der Vollwertkost«.

Rolf Sachs
Wie lebt und kocht ein Millionär und Künstler? Der Designer schätzt pure Gerichte, weg vom Opulenten, hin zu mehr Sachlichkeit.

Die Gäste

Marianne Sägebrecht
Die bekannte Schauspielerin liebt die asiatische Küche mit vielen Gewürzen und kombiniert sie unbekümmert mit der bayrischen Tradition.

Maria Schell
Die Schauspielerin gehört zu den letzten großen deutschsprachigen Filmstars – und liebt die Gerichte ihrer Heimat Österreich.

Renate Schmidt
Als 6jährige kannte sie sich schon perfekt auf dem Markt aus. Kein Wunder, daß die vielbeschäftigte Politikerin heute gern in der Küche steht.

Helen Schneider
Ihre Karriere hat sie durch viele Länder und musikalische Stilrichtungen bis hin zum Jazz geführt. Sie kocht ohne Eier und Weizen, gegen die sie allergisch ist.

Dietmar Schönherr
Nur wenige wissen, daß der Bühnen- und Fernsehschauspieler passionierter Hobbykoch ist. Er schätzt Gerichte, die sich gut zum Vorkochen eignen.

Petra Schürmann
Schon als Studentin übte sich die Moderatorin vieler Shows in der Kunst des Kochens. Spezialität: Tricks der Starköche.

Alice Schwarzer
Die Kochkunst der Frauenrechtlerin ist stark von der französischen Küche beeinflußt, da sie lange Jahre in Frankreich gelebt hat.

Esther Schweins
Für den Kultstar aus der Comedy-Serie »RTL-Samstagnacht«, ein echtes Ruhrpott-Kind, ist Kochen das größte Hobby.

Elke Sommer
Trotz Hollywood-Glamours ist sie immer ein Naturkind geblieben – die gebürtige Fränkin kennt und sammelt über 200 verschiedene Pilzsorten!

Jutta Speidel
Die Schauspielerin ist begeisterte Köchin und kocht Sugo ein, obwohl sie mit 20 Jahren gerade Dosen aufmachen konnte.

Ingrid Steeger
Die Schauspielerin und Ulknudel bereitet vorzügliche Currygerichte zu – nicht nur für ihren Dackel »Lucky Luke«.

Emil Steinberger
Der Schweizer Kabarettist ist ausgewandert und lebt heute in New York. Aber er kocht gern Rezepte seiner Mutter nach.

Rita Süssmuth
Die Bundestagspräsidentin hat als Au-Pair-Mädchen in einer Großfamilie bei Dijon die Küchenkünste der Franzosen gründlich kennengelernt.

Wim Thoelke
Wenn der große Altvater der Fernsehunterhaltung nicht gerade reiste oder Bücher schrieb, dachte er sich in der Küche neue Rezepte aus.

Nadja Tiller und Walter Giller
Das Schauspieler-Ehepaar lebt in der Schweiz. Beide essen sehr gerne, kochen aber zu ihrem Bedauern nur ganz selten selbst.

Prof. Dr. Klaus Töpfer
Daß der Bundesbauminister im Privatleben ein begeisterter Koch ist und selbst auf den Markt geht, wissen die wenigsten.

Wolf Uecker
Der Journalist und Autor hat sich in den letzten Jahren vor allem durch seine kulinarischen Publikationen hervorgetan.

Gisela Uhlen
Seit sechzig Jahren steht ihr Name für große Schauspielkunst. Trotz rarer Freizeit backt sie gern sächsische Quarkkäulchen.

Isabel Varell
Die Schauspielerin und Sängerin: »Genießer müssen sich mit Genießern zusammentun«. Sie liebt ganz viele Vorspeisen.

Dr. Michael Vesper
Er macht für die Grünen Politik, im Düsseldorfer Landtag als »Minister für Bauen und Wohnen«. Aber gut Kochen kann er auch.

Elisabeth Volkmann
Wenn die Schauspielerin zu ihren legendären Reiberdatschi-Parties einlädt, dann werden alle Kartoffeln von ihr persönlich mit der Hand gerieben.

Wolfgang Völz
Eigentlich ist er gelernter Bäcker und wollte fast Koch werden, wäre ihm nicht die lukrativere Schauspielerei dazwischen gekommen.

Bernd Weikl
Der international gefeierte Opernstar (25 Jahre Bayreuth, 20 Jahre Met) sammelt Kochbücher und liebt vor allem die Küche Oberitaliens.

Ron Williams
Der amerikanische Entertainer bezeichnet sich als »Erfinder der Spare Ribs in Deutschland«. Soul-Food nennt er das.

Klausjürgen Wussow
Mit der »Schwarzwaldklinik« wurde er zum TV-Arzt der Nation. Für seine Rollen reist er heute um die Welt und sammelt dabei exotische Rezepte.

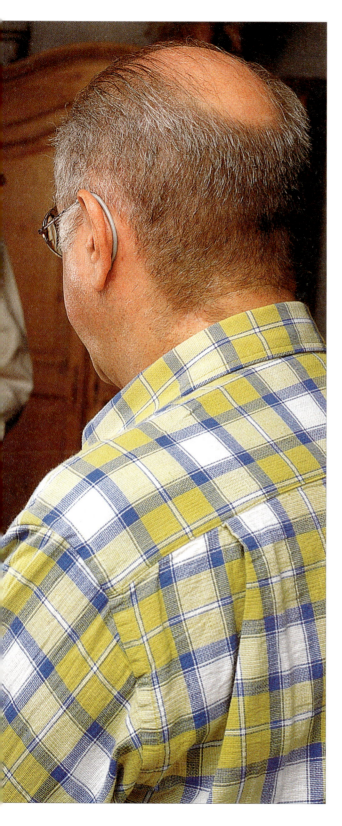

Kochen mit meinen Gästen

Der Titel dieses Kochbuchs »Die Rezepte meiner Gäste« bezieht sich auf meine Kochsendung »Alfredissimo«, in der ich mit prominenten Gästen koche. Meine privaten Gäste, die mich zu Hause besuchen, werden von mir persönlich bekocht. Gelegentlich kochen sie auch mit, was viel Spaß machen kann. Aber auch dann sind es meine Rezepte, nach denen gemeinsam gekocht wird.

Anders ist das in »Alfredissimo«. Mein Redaktionsteam, das die Gäste für die Sendung aussucht und einlädt, bittet sie schon beim ersten Anruf um einen Vorschlag, welches Rezept sie gerne vorstellen würden. Spätestens bei dem von uns so genannten »Vorgespräch« wird entschieden, welches Gericht der Gast für »Alfredissimo« ausgesucht hat. Mehrere Wochen vor dem Aufzeichnungstermin trifft sich ein Redakteur oder eine Redakteurin mit dem Prominenten und führt mit ihm ein ausführliches Interview, um zu erfahren, worüber wir uns dann in der Sendung unterhalten können, welche Geschichten, Erlebnisse und Erfahrungen zum Thema Kochen, Küche, Essen und Trinken von mir angesprochen werden können.

Kochen mit meinen Gästen

Dieses Vorgespräch wird mit einem Tonband aufgezeichnet und abgeschrieben, damit ich mich auf die Unterhaltung in der Sendung vorbereiten kann, ohne mit dem Gast selbst zuvor darüber gesprochen zu haben. Ich bin dadurch bestens informiert, bleibe aber frisch und unbefangen.

Diese von der Vorbereitung auf meine Talkshow »Boulevard Bio« übernommene Methode dient bei »Alfredissimo« über die Vorbereitung der Gespräche hinaus auch noch der Klärung, was der Gast kochen wird. Die Rezepte kommen ausnahmslos von den Prominenten, aber nicht jedes vorgeschlagene Rezept kommt in Frage – sei es, weil das Gericht schon einmal in einer Sendung gekocht wurde, sei es, daß das Gericht zu kompliziert ist (wir haben in der Sendung nur knapp eine halbe Stunde Zeit für die Zubereitung) oder was sonst noch dagegen sprechen mag.

Die Gerichte, auf die man sich zum Schluß geeinigt hat, werden dann vom Kochteam mehrmals mit der Stoppuhr in der Hand gekocht, bis das »Timing« stimmt und in eine für unsere Zuschauer leicht nachvollziehbare Form gebracht. Auch für die Sendung selbst ist eine sorgfältige Vorbereitung nötig. Gemüse und Fleisch oder Fisch müssen frisch eingekauft werden, meist in größerer Menge als nötig, falls etwas schiefgeht. Oft bringen die Gäste auch selbst bestimmte Zutaten oder Gewürze mit, die sie für ihr Gericht verwenden.

Dann müssen alle Geräte, Töpfe und Pfannen bereitgestellt werden, zeitaufwendigere Zubereitungen werden bereits vorbereitet, wenn die Sendezeit nicht dazu ausreicht, den Kochvorgang ganz durchzuführen. Und neben der Kamera beobachtet ein Kochexperte jeden unserer Handgriffe und gibt mit einer großen Karte Meldung, wenn wir während des Kochens etwas übersehen – Sie sehen das einmal aus meiner Sicht auf der vorherigen Seite. Jede Sendung wird so, wie sie aufgezeichnet wurde, auch gesendet. Das macht sie lebendig und authentisch. Dabei können natürlich einmal Pannen vorkommen, zum Beispiel als Victor Lazlo beim Flambieren ihrer Saltimbocca zuviel Rum in die Pfanne goß und die Flammen in die Höhe schossen. Doch zum Glück ist bisher die Küche noch nicht abgebrannt.

Alle Gerichte, die Sie in diesem Buch finden, sind so unterschiedlich wie die Prominenten, von denen die Rezepte stammen. Im Gegensatz zu meinen Rezepten, die alle

Kochen mit meinen Gästen

von einer sehr deutlichen Koch- und Geschmacksrichtung zeugen, gibt es in diesem Buch vom exotisch-asiatischen Fisch mit Zitronengras bis zur deftigen Schweinshaxe fast für jeden Geschmack etwas. Das macht den Reiz dieses Kochbuches aus. Darüber hinaus ist es sicher auch für Sie interessant zu erfahren, welcher Prominente was gekocht hat, denn jedes Rezept hat seine eigene Geschichte. Daß bei den Zuschauern von »Alfredissimo« ein großes Interesse an den Rezepten meiner Gäste besteht, wissen wir von den vielen Anfragen, die beim WDR eingehen. Als Franca Magnani in meiner Sendung ihre köstlichen Gnocchi vorführte, wollten über 14.000 Zuschauer das Rezept haben. Franca Magnani war so etwas wie die Muse in »Alfredissimo«. Mit ihr haben wir in meiner privaten Küche eine Pilotsendung aufgezeichnet. Auch wer nicht viel darüber weiß, wie eine Fernsehsendung entsteht, kann sich zumindest vorstellen, daß man Kameras und Scheinwerfer braucht. Das in einer – wenn auch verhältnismäßig großen – privaten Küche unterzubringen, ist mehr

Kochen mit meinen Gästen

als kompliziert. Aber der Charme von Franca Magnani und ihre deutlich spürbare Begeisterung für das Kochen sprang wie ein Funke über und ließ alle WDR-Verantwortlichen ahnen, was aus diesem eher ungewöhnlichen Konzept einer Kochshow werden könnte. Daß dann aus dieser Idee so schnell eine Sendung wurde, wäre ohne den unermüdlichen Einsatz der Redakteurin Hilde Müller nicht möglich gewesen. Ich bin ihr dafür sehr dankbar.

In dieser Pilotsendung überzeugte nicht nur das Konzept, sondern auch meine private Küche als Vorbild für die Fernseh-Küche. Im Studio wurde meine Küche so nachgebaut, daß einerseits die Anforderungen der Technik berücksichtigt wurden, andererseits möglichst viel von der Atmosphäre und von der praktischen Benutzbarkeit erhalten blieb. Neben der Ästhetik der erhöhten Arbeitsflächen mit den weißen Kacheln ist das Besondere der freistehende, abgesenkte Herd, der Backofen in Sichthöhe, das große Spülbecken, das »Bio-Müll-Loch« und die weitgehend offenen, leicht zugänglichen Regale.

Daß der Requisiteur auch noch einen alten Küchenschrank, ein altes Dampfradio und andere Details aus meiner Küche auftreiben konnte, macht letztendlich die Studio-Küche meiner eigenen zum Verwechseln ähnlich. So kann ich mich im Studio fast wie zu Hause fühlen und kenne jeden Handgriff auswendig.

»Alfredissimo« ist mehr als eine Kochsendung. Es ist eine Sendung über die Lust am Kochen und über das, was die Franzosen »l'art de vivre«, die Kunst zu leben nennen. Dazu gehört unter anderem das obligate Glas Wein beim Kochen und später beim Essen. Und es gehört eine Atmosphäre dazu, die das Kochen aus einer reinen Dienstleistung zu einem Vergnügen erhebt. Sie wäre nie entstanden, wenn meine Gäste nicht auf so wunderbare Weise mitgemacht hätten. Ich kann nur die Tonart angeben – singen müssen wir gemeinsam. Für diese köstlichen »Küchen-Duette« möchte ich mich bei allen Gästen von »Alfredissimo« herzlich bedanken.

Und ich möchte ihnen dafür danken, daß sie uns die Rechte für ihre Rezepte überlassen haben. Sie haben damit nicht nur dieses Buch ermöglicht, das sicher vielen Zuschauern unserer Sendung Freude machen wird, sie haben auch ermöglicht, daß vier Stiftungen Geld für ihre wichtigen Aufgaben erhalten.

Kochen mit meinen Gästen

Meine Honorareinnahmen aus diesem Buch fließen vollständig zu gleichen Teilen an diese Stiftungen:

AFS-Stiftung für Interkulturelle Begegnungen;

Christiane Herzog Stiftung für Mukoviszidose-Kranke;

Kuratorium ZNS für Unfallverletzte mit Schäden des zentralen Nervensystems e.V.;

Stiftung »Daheim im Heim«.

Auch aus diesem Grunde hoffe ich, daß »Die Rezepte meiner Gäste« an den großen Erfolg meines ersten Kochbuchs anknüpfen können.

Köln, im Mai 1997

Die Vorspeisen meiner Gäste

In die deutsche Küche ist Bewegung gekommen. Für viele meiner Gäste haben heute Vorspeisen einen anderen Stellenwert als noch vor wenigen Jahren. Öfter hörte ich sie sagen, ein Essen mit unzähligen kleinen Häppchen sei ihnen lieber als das übliche »Braten-und-Beilagen«-Menü. Das mag wohl daran liegen, daß ihr Beruf sie öfter in Länder führt, wo die Vorspeisen eine größere Rolle spielen als bei uns. Ich meine, hier ist deutlich der Einfluß der italienischen, griechischen und türkischen Küche auf unsere eigenen Eßgewohnheiten zu erkennen. Die kleinen Gerichte, die sich gut vorbereiten lassen, machen oft wenig Arbeit und erfreuen die Gäste mehr als ein großartiger Hauptgang, für den Köchin oder Koch stundenlang in der Küche stehen müssen. Die Stunden, die man mit Freunden am Tisch verbringt, sind doch schöner und wichtiger als die Zeit, die man fürs Kochen braucht. Selbstgemachte Häppchen mit fertig gekauften gemischt, knackiges Gemüse und ein paar Oliven, dazu ein frisches Baguette oder knusprig aufgebackenes Fladenbrot, ein schöner Wein und ein bißchen Käse hinterher – das ideale Menü für alle, die mit wenig Aufwand ihren Gästen etwas bieten wollen.

Vorspeisen und Snacks

Hardy Krüger jr.:

Classic Bellini

1 weißer Pfirsich (gut gekühlt)

Apricot Brandy

evtl. Grenadine (Granatapfelsirup)

sehr trockener Champagner oder Prosecco

Den Pfirsich schälen und entkernen. Fruchtfleisch pürieren und einen Teelöffel davon ins Glas geben. Etwas Apricot Brandy und nach Geschmack etwas Grenadine zugeben und mit gut gekühltem Champagner oder Prosecco auffüllen.

Marlène Charell:

Provenzalische Tomaten

3 Eier

6–8 reife Tomaten (möglichst Strauchtomaten)

125 g naturell eingelegter Thunfisch

3–4 Anchovis-Filets (Sardellen)

1 kleines Glas Kapern

Salz, Pfeffer

Die Eier hartkochen und pellen. Von den Tomaten am Stielansatz das obere Viertel abschneiden und die Tomaten mit einem kleinen Löffel aushöhlen. Mit der Höhlung nach unten abtropfen lassen.

Den Thunfisch, die Anchovis und die Kapern abtropfen lassen. Einige Kapern zum Garnieren zur Seite legen, die restlichen Kapern, Thunfisch, Anchovis und die Eier kleinhacken (oder im Mixer kurz pürieren) und zu einer Creme vermischen. Mit Pfeffer und Salz abschmecken. Vorsicht: Thunfisch und Anchovis können schon recht salzig sein! Diese Mischung in die ausgehöhlten Tomaten füllen. Mit den zur Seite gelegten Kapern dekorieren. Kühl als kleine Vorspeise servieren.

Vorspeisen und Snacks

Maria Schell:

Liptauer mit Pellkartoffeln

1 kg ganz kleine, junge Kartoffeln

Salz

250 g Griebenschmalz

1/2 kg Sahnequark

1/2 kg Quark, Magerstufe

3 kleine Zwiebeln (nach Möglichkeit die frischen Frühlingszwiebeln mit dem grünen Lauch daran)

1 Knoblauchzehe

2 EL ganz kleine Kapern

1–2 TL Paprikapulver rosenscharf

etwa 1 Becher Sahne

evtl. Tabasco-Sauce

frische Butter

Richtig schöne, ganz junge Pellkartöffelchen mit frischer Butter sind etwas Köstliches. Und dazu gibt's einen Liptauer. »Liptauer« sagen die Wiener zu pikant angemachtem Quark. In Bayern wird so etwas »O'batzter« genannt und ist ein bißchen deftiger, weil reifer Camembert genommen wird. Das Wort kommt übrigens von »Batzen«, zusammenmatschen.

Die Kartoffeln müssen gründlich gewaschen und gebürstet werden, weil sie mit der Schale gegessen werden. Dann werden sie in Salzwasser gekocht, etwa 20 Minuten genügen bei neuen Kartoffeln.

Inzwischen wird das zimmerwarme Griebenschmalz (Grammelschmalz, also ausgelassener fetter Speck mit den Grammeln drin) in einer Schüssel cremig gerührt, dazu kommt der Quark (ohne die Lake) und wird gut untergemischt. Die Zwiebeln und den Knoblauch in feine Ringe bzw. Würfel schneiden und zugeben. Die Kapern kommen auch dazu, größere erst etwas kleinhacken. Jetzt mit Salz und dem scharfem Paprikapulver abschmecken, soviel Sahne unterrühren, bis der Quark schön locker ist. Wenn's noch nicht scharf genug ist, mit ein paar Tropfen Tabascosauce nachwürzen.

Die garen Kartoffeln (mit einer Messerspitze hineinpieksen, ob sie durch sind) abgießen und ausdampfen lassen. In einer großen Schüssel auf den Tisch stellen, dazu den Liptauer und frische Butter.

Dazu paßt ein schönes Bier am besten – ein Helles natürlich. Und möglichst aus dem Faß.

Tips

Wenn Sie Griebenschmalz nicht mögen oder haben – macht auch nichts, der Quark schmeckt auch ohne. Und wenn Ihre Zwiebeln kein Grün daran haben, dann geben Sie noch einige Schnittlauchröllchen daran.

Vorspeisen und Snacks

Isabel Varell:

Bruschetta

1 italienisches Weißbrot

5 Tomaten

6 Frühlingszwiebeln

4-6 Knoblauchzehen

1-2 frische grüne Chilischoten

Olivenöl

Aceto Balsamico (Balsamessig)

gemahlener Kardamom

Salz, grob gemahlener schwarzer Pfeffer

nach Belieben: frisch geriebener Parmesankäse

Das Weißbrot schräg in Scheiben schneiden. Die Tomaten kurz überbrühen, häuten und ohne Stielansatz klein würfeln. Die Frühlingszwiebeln putzen und bis ins Grüne hinein in dünne Scheiben schneiden, die Knoblauchzehen pellen und durch die Presse drücken oder in dünne Scheiben schneiden. Die Chilischoten in sehr feine Ringe schneiden (Vorsicht, sehr scharf – eventuell Gummihandschuhe tragen).

Die Tomatenwürfel mit Knoblauch, Frühlingszwiebeln, Chilischoten, Olivenöl und Aceto Balsamico vermischen. Mit gemahlenem Kardamom, Salz und Pfeffer abschmecken. Diese rohe Tomatensauce kann gut vorbereitet werden.

Die Weißbrotscheiben in einem Toaster oder unter dem Grill rösten. Die heißen Weißbrotscheiben mit der Tomatenmasse bestreichen, nach Belieben mit Parmesan bestreuen und gleich servieren.

Tips

Dips und Appetizer sind ideal dafür geeignet, die Gäste schon mal in der Küche zu bewirten, während man noch beim Kochen ist. Das läßt sich sogar zu einem abendfüllenden Programm ausweiten, bei dem die ganze Zeit lauter kleine Sachen gegessen werden. Das ist oft schöner als ein Menü mit großem Braten im Mittelpunkt.

Isabel Varell:

Angemachter Frischkäse

3 Päckchen Doppelrahm-Frischkäse

2 Bund Frühlingszwiebeln

Cayennepfeffer

Salz, frisch gemahlener, schwarzer Pfeffer

1-2 Olivenbrote oder italienische Weißbrote

Den Frischkäse in eine Schüssel geben und mit einer stabilen Gabel zerdrücken. Die Frühlingszwiebeln putzen und bis zum Grünen hin in Scheiben schneiden. Mit dem Frischkäse vermischen und mit viel Cayennepfeffer, Salz und Pfeffer abschmecken, die Masse soll richtig rosarot aussehen. Wer es nicht so scharf mag, kann auch edelsüßes Paprikapulver nehmen.

Der Frischkäse schmeckt besonders gut auf in Scheiben geschnittenem Olivenbrot. Aber auch auf Weißbrot oder frischem, dunklem Brot.

Vorspeisen und Snacks

Esther Schweins:

Artischocken mit grüner Sauce

1 Becher Sahne-Joghurt

1 Becher Crème fraîche mit Kräutern

1 Bund Schnittlauch

1 Bund Dill

2 Kästchen Kresse

weitere Kräuter nach Belieben: Petersilie, Kerbel, Brunnenkresse, Rucola, Radieschenblätter, wenig Zitronenmelisse

1 Bund Lauchzwiebeln

1 hartgekochtes Ei

evtl. 2 Knoblauchzehen

Salz, Pfeffer

evtl. 1 EL Mayonnaise

4 schöne, große Artischocken

2 EL Butter

1 EL Zitronensaft

frisch geriebene Muskatnuß

Für die Sauce Joghurt und Kräuter-Crème-fraîche in eine Schüssel geben. Die Kräuter – Schnittlauch, Dill, Kresse, Petersilie, Kerbel, Brunnenkresse, Rucola, Radieschenblätter (die Radieschen anderweitig verwenden) und ganz wenig Zitronenmelisse waschen und in einen Mixer geben. Dazu die geputzten Lauchzwiebeln und das hartgekochte, gepellte Ei, geschälte Knoblauchzehen nach Belieben, ein halber Teelöffel Salz und etwas Pfeffer. Alles auf höchster Stufe zerkleinern, bis ein grünes Püree entstanden ist. Mit Joghurt und Crème fraîche verrühren. Wer mag, gibt noch einen Löffel Mayonnaise dazu. Die fertige Sauce kaltstellen.

Von den Artischocken die Stengel mit einer kräftigen Seitendrehung abreißen, so daß gleichzeitig die harten Fasern aus dem Boden gezogen werden (oder mit einem Messer abschneiden) und die Blattspitzen mit einer Schere (aus rostfreiem Stahl) kürzen.

Die Artischocken waschen und in einem Topf mit wenig Wasser (2–3 cm hoch), 2 EL Butter, etwas Zitronensaft, Salz und geriebener Muskatnuß fest zugedeckt 30–40 Minuten kräftig kochen lassen. Die Artischocken sind gar, wenn man ohne Mühe ein Blatt herausziehen kann.

Die garen Artischocken umgedreht abtropfen lassen und warm auf Tellern servieren. Die grüne Sauce in einer Schüssel oder in Portionsschälchen zum Dippen dazu servieren.

Tips

Das Essen der Artischocke will gelernt sein: Man pflückt Blatt für Blatt ab, zieht es durch die Sauce und anschließend durch die Vorderzähne, um das Blattfleisch abzustreifen. Da Artischocken sehr gesund, aber kalorienarm sind, steht man nach einem Artischockenessen oft hungriger auf, als man sich hingesetzt hat.

Vorspeisen und Snacks

Christine Kaufmann:

»Köstliches Gekicher«

100 g getrocknete Kichererbsen oder 300 g fertig gekochte (aus Dose oder Glas)

evtl. 1 Msp. Speisenatron (Bullrichsalz)

1 Gemüsebrühwürfel

1 große Knoblauchzehe

Saft von 1 Zitrone

3–4 EL Olivenöl (nativ extra)

Salz, Cayennepfeffer

1 kleine Packung Tortilla-Chips

Kichererbsenpüree ist eine arabische Vorspeise und wird dort noch mit Sesampaste gewürzt. Es schmeckt aber eigentlich pur, nur mit feinstem Olivenöl aromatisiert, noch besser.

Die getrockneten Kichererbsen waschen, in eine Schüssel geben und mit kaltem Wasser gut bedecken – am besten ist kalkarmes Wasser, notfalls eine Messerspitze Speisenatron dazurühren. Die Kichererbsen über Nacht aufquellen lassen.

Am nächsten Tag Einweichwasser abgießen, die Kichererbsen kommen in einen Topf und werden mit frischem Wasser bedeckt, es soll etwa 2 cm hoch über den Erbsen stehen. Den Brühwürfel zugeben und offen langsam aufkochen lassen. Umrühren, Deckel auflegen und bei schwacher Hitze weichkochen, das dauert je nach Alter der Hülsenfrüchte 1 bis 2 Stunden, sie sollen aber noch etwas Biß haben.

Die garen Kichererbsen in einen Mixer füllen, das Kochwasser (wenn noch viel Brühe da ist, erst einmal nur einen Teil nehmen) zugießen. Die Knoblauchzehe schälen, grob zerschneiden und mit Zitronensaft und Olivenöl zugeben.

Mixen, bis ein cremiges, aber nicht zu glattes Püree entstanden ist – es soll noch ein bißchen stückig sein, dann schmeckt es besser. Mit Salz und Cayennepfeffer würzig bis scharf-pikant abschmecken.

Die weiche, noch warme Creme in kleine Schälchen füllen. Die Tortilla-Chips zum Dippen dazu servieren.

Vorspeisen und Snacks

Marion Kracht:

Thailändische Frühlingsrollen

1 Packung getrocknete Tongu-Pilze (Shiitake)

1 Packung Reispapier

1-2 frische Chilischoten

1 Stange Lauch (Porree)

1-2 Süßkartoffeln (Bataten), je nach Größe

2 Möhren

1 Stück frischer Ingwer

3 mittelgroße Zwiebeln

1-2 Knoblauchzehen

100 g Sojasprossen

1 kleine Dose Bambussprossen

neutrales Pflanzenöl (am besten Sonnenblumenöl)

thailändische Fischsauce

trockener Sherry

Sojasauce

Salz, Pfeffer

1 Bund Koriandergrün (Cilantro)

Sesamöl zum Braten

evtl. 1 Eiweiß zum Verschließen

Die Tongu-Pilze in lauwarmem Wasser etwa 2 Stunden einweichen. Die Reispapier-Platten auslegen und mit etwas Wasser anfeuchten (trocken brechen sie leicht). Chilischoten entkernen, Lauch waschen, die Süßkartoffeln schälen. Möhren, Ingwer, Zwiebeln und Knoblauch schälen.

Alle Gemüse in kleine Würfel schneiden. Die Sojasprossen waschen und trocknen. Bambussprossen abtropfen lassen.

Im Wok oder in einer großen Pfanne Pflanzenöl erhitzen. Darin zuerst Ingwer, Knoblauch und Chili unter ständigem Rühren anbraten. Dann Lauch und Möhren zugeben. Zum Schluß die abgetropften Tongu-Pilze, Zwiebeln, Süßkartoffeln, die Sojasprossen sowie die Bambussprossen zugeben. Alles 5-10 Minuten dünsten, das Gemüse muß »al dente« bleiben, weil es später beim Braten noch weiter gart.

Mit jeweils einem Schuß Thai-Fischsauce und Sherry ablöschen. Mit Sojasauce, wenig Salz und Pfeffer abschmecken. Ganz zum Schluß die fein gehackten Korianderblätter dazugeben.

Die Mischung in kleinen Portionen auf je ein eingeweichtes Blatt Reispapier häufen, zu kleinen Röllchen drehen, die Ränder mit etwas Eiweiß zukleben, wenn sie nicht von selbst halten wollen.

Den Wok oder die Pfanne säubern, das Sesamöl sehr stark erhitzen. Frühlingsrollen darin in etwa 5 Minuten knusprig braten, öfter vorsichtig wenden, damit sie nicht aufgehen oder zusammenkleben.

Dazu Chili- oder Knoblauchsauce servieren. Ganz pikant: Thai-Fischsauce, mit etwas gehacktem Knoblauch, Chilis, Ingwer, Frühlingszwiebeln und Koriandergrün verrührt.

Tips

Reispapier, Tongu-Pilze und die thailändische Fischsauce (die chinesische ist für dieses Rezept weniger geeignet) gibt es im Asienladen. Die Frühlingsrollen lassen sich auch gut auf Vorrat einfrieren.

Vorspeisen und Snacks

Sissi Perlinger:

Avocado-Creme

2 reife Avocados

1 kleiner Becher Tzatziki (mit Knoblauch gewürzter Joghurt)

1–2 EL frischer Zitronensaft

Salz (oder Knoblauchsalz)

evtl. Flüssigwürze

kleine Pumpernickelscheiben

Die Avocados sind reif, wenn sie auf sanften Druck etwas nachgeben. Sonst mit einem Apfel in eine Tüte stecken und im Dunkeln bei Zimmertemperatur 1–3 Tage reifen lassen.

Für die Creme (in Mexiko heißt sie Guacamole) die Avocados halbieren, den Kern entfernen und das Fruchtfleisch auslöffeln. In einer Schüssel mit der Gabel zu Mus zerdrücken.

Mit so viel Tzatziki vermischen, daß die Masse streichfähig ist.

Durch den Joghurt wird die Creme schön hellgrün und der Knoblauchgeschmack ist nicht so durchdringend wie bei frischem. Mit Zitronensaft, einer Prise Salz (oder Knoblauchsalz) und eventuell einem Spritzer Flüssigwürze abschmecken.

Die Masse auf kleine Pumpernickel-Scheiben streichen und gleich servieren. Eignet sich sehr gut als schnelle Vorspeise oder als Appetithäppchen.

Vorspeisen und Snacks

Marlène Charell:

»La Rouille« – Aïoli auf Röstbrot

4–5 Knoblauchzehen (oder mehr, nach Geschmack)

3 Eigelbe

ca. 100 ml Olivenöl

1 Prise Cayennepfeffer, Salz

evtl. einige Fäden Safran

1 Baguette (Stangenweißbrot)

Den Knoblauch schälen und in eine Schüssel pressen (oder im Mörser zerstampfen). Die Eigelbe dazugeben, mit dem elektrischen Schneebesen vermischen und dann, bei laufendem Gerät, das Olivenöl erst tropfenweise, dann in dünnem Strahl zugeben, bis die Masse cremig ist. Jetzt mit Cayennepfeffer (scharf!) und Salz würzen. Nach Belieben einige Safranfäden zugeben.

Baguette in Scheiben schneiden und im heißen Ofen leicht anrösten. Mit der Knoblauchmayonnaise bestreichen und warm servieren.

Nana Mouskouri:

Tiropite mit Quark und Spinat

1 Paket tiefgekühlter Blätterteig

500 g Blattspinat

Salz

1 Zwiebel

2–3 Knoblauchzehen

1–2 Eier

200 g griechischer Feta-Käse (in Lake)

Salz, Pfeffer, Muskat

Mehl zum Ausrollen des Blätterteigs

Olivenöl zum Braten

Für diese griechischen Käseküchlein die Blätterteig-Platten auftauen lassen und mit einem leicht angefeuchteten Tuch vor dem Austrocknen schützen.

Den Spinat gründlich waschen und verlesen. Dann in kochendem Salzwasser kurz blanchieren, auf ein Sieb gießen, kalt überbrausen. Abtropfen lassen und gut ausdrücken.

Die Zwiebel und den Knoblauch pellen. Zwiebel hacken und in eine Schüssel geben, den Knoblauch dazupressen. Den Feta-Käse darüber zerkrümeln. Den Spinat hacken, mit den Eiern dazugeben und alles vermischen, mit Salz, Pfeffer und Muskat würzen.

Den Blätterteig auf einem mit Mehl bestreuten Brett dünn ausrollen, in 8–10 cm breite, etwa 20 cm lange Streifen schneiden.

Von der Spinat-Feta-Masse jeweils ein Häufchen – etwa ein gehäufter Teelöffel voll – auf den Anfang eines Teigstreifens setzen, den Streifen im Zickzack bis zum Ende zusammenfalten, so daß ein Dreieck entsteht.

In einer Pfanne reichlich Olivenöl erhitzen und die Tiropite darin auf beiden Seiten braten, bis sie schön goldgelb und aufgebläht sind. Die fertigen aus der Pfanne heben und auf Küchenkrepp entfetten.

Schmecken warm und kalt als Vorspeise oder als Imbiß zwischendurch.

Vorspeisen und Snacks

Michaela May:

Forellenmousse mit roter Buttersauce

1 frische Forelle, ca. 300 g (soll ca. 140 g reines Filet ergeben)

1 Platte Blätterteig

1 Stange Lauch (mit Grün)

Salz, weißer Pfeffer, Muskat

60 g Butter

1–2 Schalotten

Butter für die Formen

1 Eiweiß

1 kleiner Zweig frischer Estragon

150 g dickflüssige süße Sahne

4 cl kräftiger Rotwein (Burgunder, möglichst ein Volnay)

4 cl Noilly Prat (französischer Wermut)

1 Prise Zucker

Die Forellen schon vom Händler filetieren lassen, sonst erst die Haut abziehen und die Filets vorsichtig von den Gräten ablösen, restliche Gräten aus den Filets ziehen. Das geht leichter, wenn die Forelle nicht ganz schlachtfrisch ist, sondern das Fleisch sich erst 1–2 Stunden entspannen konnte.

Den Blätterteig mit einem kleinen Halbmondförmchen ausstechen. Bei 220°C im Ofen etwa 10 Minuten backen.

Vom Lauch nur den schönen grünen Teil in streichholzlange, feine Stäbchen (Julienne) schneiden, in kochendem Salzwasser 2–3 Minuten blanchieren, in Eiswasser abschrecken, in einem Sieb abtropfen lassen. Die Butter in zentimetergroße Würfel schneiden und sehr kalt stellen. Die Schalotten pellen und sehr fein würfeln.

Kleine Auflauf- oder Souffleeförmchen (4–5 cm hoch, etwa 8 cm Durchmesser) mit Butter ausstreichen. Wenn die Blätterteigmonde herausgenommen sind, den Backofen auf 190°C zurückschalten. Für das Wasserbad eine Bratreine oder einen Bräter etwa 2 cm hoch mit heißem Wasser füllen, in den Ofen schieben.

Den Estragon waschen, trocknen und in feine Streifchen schneiden. Die Forellenfilets mit etwas Salz, Pfeffer und wenig Muskat bestreuen, im Mixer (Blitzhacker) pürieren. Das Eiweiß steif schlagen, das Forellenmus dazugeben und mit dem Handrührer untermischen. Die Sahne langsam unterrühren, bis die Masse glatt ist. Dann den Estragon zurühren, mit Salz und Pfeffer abschmecken. Das Püree in die Förmchen füllen, in das heiße Wasserbad stellen und im Ofen ca. 25 Minuten garen.

In einem Pfännchen je 2 cl Wein und Wermut mit den Schalotten etwa 10 Minuten ohne Deckel einkochen, bis die Flüssigkeit fast verdampft ist, dann wieder je 2 cl Wein und Wermut angießen, nochmals 10 Minuten einköcheln lassen. Die eiskalte Butter einrühren und mit Salz, Pfeffer und einer Prise Zucker abschmecken.

Zum Schluß die Förmchen aus dem Ofen nehmen, sofort auf Teller stürzen, mit der Sauce und den Lauchstreifen garnieren, die Blätterteighalbmonde dazureichen.

Dazu den Rotwein servieren, mit dem die Sauce gekocht wurde (es ist ja noch genug davon übrig).

Vorspeisen und Snacks

Alice Schwarzer:

Rote Bete mit Mayonnaise

500 g frische Rote-Bete-Knollen

1 Eigelb

geschmacksneutrales Öl (z.B. Sonnenblumen- oder Erdnußöl, aber kein Olivenöl)

Senf oder Zitronensaft

Salz, Pfeffer

Ein Essen ist erst mit einer Vorspeise ein Menü, auch wenn das Vorweg nur klein ist, zum Beispiel rote Beten mit selbstgerührter Mayonnaise.

Wichtig ist nur, daß das Gemüse ganz frisch ist. Gibt es keine schönen roten Beten auf dem Markt oder am Gemüsestand, dann eignen sich für dieses Rezept auch andere Knollengemüse wie Kohlrabi, Teltower Rübchen oder weiße Rüben (Navets).

Die Rote-Bete-Knollen gründlich waschen und bürsten. In Salzwasser aufsetzen und zugedeckt etwa 45 Minuten kochen. Dann abgießen und etwas abkühlen lassen. Die Haut abziehen (möglichst Gummihandschuhe tragen, rote Bete färbt stark) und die Knollen in Würfel schneiden.

Für die Mayonnaise das Eigelb in eine kugelförmige Schale geben, mit einem Schneebesen verquirlen und dann tropfenweise das Öl einschlagen, dabei ständig rühren, sonst wird die Masse nicht fest. Zum Schluß mit Senf oder Zitronensaft, Pfeffer und Salz abschmecken. Zusammen mit den roten Beten servieren.

Statt des Eigelbs könnte man auch 2 zerdrückte Knoblauchzehen nehmen, dann wäre es keine Mayonnaise, sondern eine südfranzösische Aïoli.

Vorspeisen und Snacks

Lea Linster:

Auberginenterrine

6 feste Tomaten

(Meer-) Salz, Zucker, Thymian

sehr gutes Olivenöl

3 rote Paprikaschoten

2 Auberginen

1 Glas schwarze Olivenpaste

1 Bund Rucola

2–3 EL Zitronensaft, Pfeffer

1 Schalotte

Sherryessig

Aceto Balsamico

1 Bund Basilikum

Die Tomaten halbieren und mit einem kleinen Löffel die Kerne entfernen. Die Tomaten innen mit etwas Salz und Zucker würzen, mit der Hautseite nach oben auf ein Backblech legen. Thymian und Olivenöl darüber geben, 1–1 1/2 Stunden in den 120°C heißen Ofen stellen, bis die Haut leicht abgeht. Dann aus dem Ofen nehmen und abkühlen lassen.

Nun den (Backofen-) Grill auf höchste Stufe stellen. Paprikaschoten darunter rundum grillen, bis sie leicht schwarz sind. Herausnehmen, mit einem feuchten Handtuch abdecken, dann die Haut abziehen, die Schoten längs vierteln und die Samen entfernen. In einer Pfanne etwas Olivenöl erhitzen und die Paprikastreifen fertig garen. Salzen, pfeffern und auf einem Teller abkühlen lassen.

Die Auberginen mit einem Kartoffelschäler schälen, längs in 1/2 cm dicke Scheiben schneiden. Ungesalzen in etwas Olivenöl braten, dabei mit der Unterseite einer zweiten Pfanne, die genau in die andere paßt, beschweren. So dampft das Wasser aus, aber die Auberginen saugen sich nicht mit Öl voll. Auf diese Weise von beiden Seiten bräunen, auf Küchenpapier legen, um das restliche Öl aufzusaugen.

Wenn alle drei Gemüsesorten abgekühlt sind, eine Klarsichtfolie über ein Küchenbrett spannen. Als erste Lage einige Auberginenscheiben in Form eines Rechtecks auslegen. Mit etwas Olivenpaste bestreichen, dann folgen lagenweise Tomaten, wieder Auberginen, Olivenpaste, Paprikastreifen, wieder Auberginen, Paste, Tomaten und so weiter. Es sollten sechs bis acht Lagen sein, zuletzt Auberginenscheiben.

Das ganze Paket mit der Folie umwickeln. Die Unterseite mit einem Messer mehrfach einstechen, auf einem Brett in eine Schüssel stellen, damit das austretende Öl vom Brett in die Schüssel abfließen kann. Kalt stellen.

Vorm Servieren Rucolasalat waschen und verlesen. Aus Zitronensaft, Salz, Pfeffer und Olivenöl eine Salatsauce rühren und über den Salat gießen.

Für die Terrine eine Sauce aus fein gehackter Schalotte, Sherryessig und Aceto Balsamico, Salz, Pfeffer und dem aufgefangenen Terrinenöl rühren. Basilikumblättchen waschen, trocknen und in feine Streifen schneiden.

Die Terrine am besten mit einem elektrischen Messer in etwa 1 cm dicke Scheiben schneiden, auf Tellern mit Rucolasalat, etwas Sauce und dem Basilikum anrichten. Dazu Bauernbrotscheiben, mit Olivenpaste bestrichen.

Vorspeisen und Snacks

Witta Pohl:

Selbstgebackenes Bauernbrot

1 kg Weizenvollkornschrot

1 kg Roggenmehl oder Roggenschrot

3 TL Salz

3 Würfel Hefe

3 Packungen flüssiger Sauerteig (Reformhaus, Bioladen)

Mehl für die Arbeitsfläche und das Backblech

Nach Geschmack kommen noch dazu:

Haferkleie

Sesamsaat

Hirse

Sonnenblumenkerne

Kürbiskerne

grob gehackte Wal- oder Haselnüsse

Kümmel, Kardamom, Koriander

Die beiden Mehlsorten mit dem Salz und etwa 1 l lauwarmem Wasser in einer großen Schüssel verrühren. Die Hefewürfel in 5 EL Wasser auflösen, zum Mehl geben und gut vermischen. Etwa 10 Minuten gehen lassen.

Den Sauerteig zugeben und den Teig auf der mit Mehl bestreuten Arbeitsfläche sehr gründlich und ausdauernd kneten, das sollte 15 Minuten dauern. Dabei müssen all die magischen Sprüche und guten Gedanken hinein, die man dem Brot mitgeben will. Nun den Teig mit einem Tuch bedecken und erst einmal 1 Stunde oder länger an einem warmen Fleck aufgehen lassen.

Dann werden nach Geschmack Haferkleie, Sesam, Hirse oder Kerne, Nüsse und auf jeden Fall Gewürze zum Teig geknetet. Wenn das Ganze zu fest ist, noch etwas lauwarmes Wasser untermischen.

Den Teig halbieren und zu 2 Broten formen. Ein Backblech mit Mehl bestreuen, die Brote darauf legen und mit einem Tuch abdecken. Nochmals an einer warmen Stelle 1 Stunde gehen lassen.

Den Backofen auf 220°C vorheizen. Die Brote hineinschieben und 10 Minuten backen, dann die Hitze auf 200°C herunterschalten, eine Tasse mit Wasser auf den Boden des Backofens stellen, damit die Kruste nicht austrocknet. Die Brote 50 Minuten bis 1 Stunde backen. Sie sind fertig, wenn sie beim Klopfen gegen den Boden hohl klingen. Auf einem Rost auskühlen lassen. Nicht heiß essen!

Schmeckt herrlich zu Käse und Rotwein.

Tips

Die Hefe geht noch besser auf, wenn sie erst mit Wasser und etwas Zucker verrührt wird.

Das lange Kneten ist wichtig, damit sich der Kleber im Weizenmehl entwickelt und das Brot eine schöne Krume bekommt.

Suppen, Eintöpfe und Aufläufe

Suppen und Eintöpfe wecken meist Kindheitserinnerungen. In vielen Familien wurde freitags schon der große Topf mit Fleisch und Gemüse aufgesetzt, weil das ja lange kochen mußte. Samstags gab es dann die kräftige Suppe oder den deftigen Eintopf, der aufgewärmt am besten schmeckt. Inzwischen haben sich zu den Klassikern auch moderne, leichte und gesunde Suppen gesellt, die schneller fertig sind und die sich gut als feine Vorsuppe für Gäste eignen.

Mit Eintöpfen aus Afrika und Amerika, mit Couscous und Jambalayas, mit Chili con carne und italienischen Aufläufen haben mich meine Gäste überrascht und bewiesen, daß auch mit nur einem Topf oder einer Auflaufform originelle und anspruchsvolle Gerichte zu bereiten sind – ich schätze sie sehr, wenn ich für eine größere Runde koche.

Aber auch die alten Rezepte wie Grünkohl mit Pinkel oder Bohnen, Birnen und Speck eignen sich doch wunderbar für ein fröhliches, ungezwungenes Essen mit vielen Freunden.

Suppen, Eintöpfe und Aufläufe

Allegra Curtis:

Gurkensuppe mit Joghurt

1 mittelgroße Salatgurke

1 Gemüsebrühwürfel

1 Becher griechischer Joghurt (Sahne-Joghurt)

1/2 TL Meersalz

frisch gemahlener Pfeffer

1 Knoblauchzehe

Saft von 1/2 Zitrone

1/2 Bund frischer Dill

Die Zutaten erinnern vielleicht an griechisches Tzatziki, aber die Suppe schmeckt ganz anders, ist leicht, säuerlich und erfrischt schön im Sommer.

Die Gurke waschen und mit einem Sparschäler schälen, in kleine Würfel schneiden. In einem Topf den Brühwürfel mit etwas Wasser erhitzen, bis er sich aufgelöst hat. Die Gurkenwürfel zugeben und (ohne Fett!) andünsten, bis die Stücke leicht glasig sind, dabei öfter umrühren. Der Joghurt wird mit Salz und Pfeffer, der zerdrückten Knoblauchzehe und dem Zitronensaft verrührt und über die Gurken gegossen. Den grob gehackten Dill darüber streuen und servieren.

Wer mag, kann die fertige Suppe noch im Mixer pürieren.

Rolf Sachs:

Kalte Kartoffel-Lauchsuppe (Vichyssoise)

Für 6 Personen:

3-4 Stangen Lauch

500 g Kartoffeln

1 1/2 l Hühnerbrühe, selbstgekocht, Instant-Brühe oder Kalbsbouillon

1 Bund Schnittlauch

100 ml Weißwein

1 Becher Crème fraîche

1/2 Bund Schnittlauch

Salz, weißer Pfeffer, Muskatnuß

nach Belieben Räucherlachs oder Kaviar zum Garnieren

Weiße und hellgrüne Teile der Lauchstangen halbieren, unter fließendem Wasser gründlich waschen und in etwa 1 cm breite Streifen schneiden.

Kartoffeln schälen, in Würfel schneiden und zusammen mit dem Lauch in einen Topf geben, die Brühe und den Wein zugießen und ganz weich kochen. Das dauert gut 30 Minuten.

Suppen, Eintöpfe und Aufläufe

Alles durch ein Sieb in einen zweiten Topf passieren, die Rückstände dabei im Sieb fest ausdrücken. Unter das Gemüsepüree die Crème fraîche rühren, einmal aufkochen und mit Salz und weißem Pfeffer sowie einem Hauch geriebener Muskatnuß abschmecken. Die Suppe abkühlen lassen und in einer Schüssel in Eiswasser mit dem Schneebesen cremig rühren, eventuell zum Schluß mit einem Stabmixer kurz aufquirlen. Schnittlauch waschen, in Röllchen schneiden und auf die Suppe streuen. Wahlweise mit feinen Streifen von echtem Räucherlachs oder – noch feiner – mit Kaviar bestreuen (kein Kaviarersatz!).

Tips

Die Kartoffeln können auch extra gekocht und mit Sahne und einem Stück Butter zu einem glatten Püree verrührt werden. Nach dem Passieren zum Lauchpüree rühren.

Heinz Hoenig:

Brotsuppe

1 große Zwiebel

2-3 Knoblauchzehen

1 kleine Möhre

2-3 Lauchzwiebeln oder 1 kleine Stange Lauch

100 g Butter

700 ml (knapp 1 Flasche) Weißwein, in 2 Teile (500 und 200 ml) aufteilen

evtl. Kümmel

3 altbackene Semmeln (Brötchen)

1 l Gemüsebrühe

1 Msp. Zucker

ein paar Brotrinden (nicht zu altbacken, am besten von verschiedenen Brotsorten)

Salz, Pfeffer, Muskat

etwas gehackte Petersilie und Schnittlauch

Parmesan (nach Belieben)

Die Zwiebel, Knoblauchzehen, Möhre und Lauchzwiebeln klein hacken und in einem Topf in der Hälfte der Butter andünsten. Dann mit 500 ml Weißwein aufgießen, nach Belieben mit Kümmel würzen. Die Semmeln (Brötchen) in Bröckchen schneiden und in einem Küchenhandtuch »mahlen«, also in kleinste Brösel zerdrücken. In den Topf geben. Brühe und Zucker dazugeben und alles einköcheln lassen, bis sich das Brot aufgelöst hat. Den Topf vom Herd nehmen und die Suppe pürieren.

Nebenbei in einer Pfanne die restliche Butter erhitzen und die in Würfel geschnittene Rinde darin anrösten.

Die Suppe mit dem restlichen Wein, Salz, Pfeffer und Muskat abschmecken und nur noch einmal erwärmen, nicht mehr kochen lassen.

Die gerösteten Brotrindenwürfel auf Suppenteller verteilen und die Brotsuppe darüber schöpfen. Mit gehackter Petersilie und Schnittlauch bestreut servieren.

Wer mag, gibt frisch geriebenen Parmesankäse darüber.

Suppen, Eintöpfe und Aufläufe

Marusha:

Grünkernsuppe

250 g Grünkern (ganze Körner, nicht geschrotet)

4–5 Fleischtomaten (sonnengereift, z.B. Strauchtomaten aus südlichen Ländern)

Instant-Gemüsebrühe oder Paste für Gemüse-Hefebrühe aus dem Reformhaus

kaltgepreßtes Olivenöl (nativ extra)

1 Becher Crème fraîche

Den Grünkern mit einer Getreidemühle frisch schroten (nur im Notfall fertigen Grünkernschrot kaufen, der hat dann leider nicht mehr so viel Aroma). Eine entsprechende Menge Gemüsebrühe in 1 Liter Wasser auflösen. Die Tomaten waschen, Stielansätze entfernen, mit der Haut in Würfel schneiden (die Haut enthält ja auch wertvolle Ballaststoffe).

Etwas Olivenöl in einem Topf erhitzen, den Grünkern darin leicht anrösten, bis er nussig riecht. Dann die Tomatenwürfel hinzugeben und etwas anschmoren, mit der Gemüsebrühe aufgießen und weitere 5–15 Minuten köcheln lassen. Nach Geschmack mit Crème fraîche servieren.

Nadja Tiller und Walter Giller:

Spanische Kürbissuppe

Für etwa 8 Personen:

1 kg Kürbis

150 g Zwiebeln (2 kleine oder 1 große)

80 g Speisefett (oder 1/2 Butter, 1/2 Erdnußöl)

300 g Kartoffeln (3 Stück)

3 reife Tomaten

1 EL Tomatenmark

1/2 TL Kurkuma

2 kleine Lorbeerblätter

gemahlener weißer Pfeffer

1 EL Hühnerbouillon oder gekörnte Brühe

300 g flüssiger Rahm (süße Sahne)

etwas geschlagene Sahne zum Garnieren

Den Kürbis schälen, Kerne mit den Fasern entfernen. Das Kürbisfleisch in kleine Stücke

Franziska Becker

Suppen, Eintöpfe und Aufläufe

schneiden. Die Zwiebeln pellen, würfeln und im Speisefett hell andünsten. Die Kürbisstücke dazugeben, ebenfalls etwas andünsten, dann etwa 2 1/2 Liter Wasser aufgießen. Die rohen Kartoffeln schälen und in Scheiben schneiden, dazugeben. Die Tomaten mit kochendem Wasser kurz überbrühen, häuten und die Kerne ausdrücken. Das Fruchtfleisch mit dem Tomatenmark zur Suppe geben. Die Gewürze mit Hühnerbouillon (oder etwas gekörnter Brühe) zugeben, alles mindestens 30 Minuten leise kochen lassen.

Dann die Lorbeerblätter aus der Brühe fischen und die Suppe in den Mixer geben, pürieren, wieder zurück in den Topf gießen und aufkochen. Den flüssigen Rahm unterrühren und erneut aufkochen – aufgepaßt, das kocht leicht über! Noch abschmecken. Ganz fein: Zuletzt ein Stück frische Butter zugeben. Zum Servieren etwas geschlagenen Rahm in die Mitte setzen.

Pavel Kohout:

Böhmische Knoblauchsuppe

4 Knoblauchzehen

250 g Griebenschmalz (mit »Grammeln«, also gerösteten Griebenstückchen)

1 l Wasser oder Gemüsebrühe

1 TL frischer oder getrockneter Majoran

1 TL Kümmel, Salz

4 Scheiben Graubrot oder Bauernbrot

Butter zum Braten

Die Knoblauchzehen schälen und in eine Schüssel pressen. Mit dem Griebenschmalz vermischen und mit zwei Löffeln zu vier Kugeln formen.

Das Wasser (Landvariante, für die modernere Variante nimmt man Gemüsebrühe) erhitzen und kurz vor dem Aufkochen den Majoran und den Kümmel zugeben. Vorsichtig mit Salz abschmecken (dran denken, daß das Schmalz meist schon gesalzen ist).

Das Brot in kleine Würfel schneiden, in der Pfanne Butter erhitzen und die Brotwürfel rundum kurz anrösten.

Die Knoblauch-Griebenschmalzkugeln in Suppenteller verteilen, die heiße Brühe darüber schöpfen und zuletzt die Brotwürfel dazugeben. Gleich servieren, so lange die Brotwürfel noch knusprig sind.

Tips

Das ist eine lustige Angelegenheit, wenn sie auf klassische Art serviert wird: Auf dem Tisch stehen zunächst nur die Teller mit den Schmalzkugeln. Dann wird die heiße Brühe aus dem großen Topf darüber gegossen und die Suppe entsteht sozusagen vor den Augen der Gäste.

Suppen, Eintöpfe und Aufläufe

Jule Neigel:

Borschtsch

Für 6 Personen:

2 Beinscheiben vom Rind

750 g Zwerchrippe oder anderes Suppenfleisch

2–3 Markknochen

1 Bund Suppengemüse

2 große Zwiebeln

2 Gewürznelken

5 Pimentkörner

15 Pfefferkörner

1 Lorbeerblatt

7–8 mittelgroße Kartoffeln

1 frische Rote-Bete-Knolle

1/2 EL Essig

2 Knoblauchzehen

1 EL Butter

1 große Tomate

1 EL Tomatenmark

250 g Sauerkraut

1 Becher saure Sahne

Salz, Pfeffer

Fleisch und die Markknochen waschen. Das Suppengemüse putzen, eine der Zwiebeln schälen und mit den Nelken spicken. Fleisch, Gemüse, die gespickte Zwiebel mit Pfeffer- und Pimentkörnern und dem Lorbeerblatt in 2 1/2 Liter Salzwasser aufsetzen, bei ganz kleiner Hitze sachte 2 Stunden köcheln lassen.

Nach 1 3/4 Stunden die Kartoffeln schälen und in kleine Würfel schneiden. Rote Bete auf einer groben Rohkostreibe raspeln (Vorsicht, färbt ganz gemein) und in einem Töpfchen in ganz wenig Wasser mit einem kleinen Schuß Essig weichkochen.

Die zweite Zwiebel und die Knoblauchzehen schälen und klein würfeln. In einer Pfanne in Butter erhitzen (wenn man einen Spritzer Öl dazu gibt, verbrennt die Butter nicht), die Zwiebelwürfel darin anrösten, etwas später den Knoblauch zugeben. Die Tomate häuten und würfeln, mit dem Tomatenmark unter die Zwiebel-Knoblauch-Mischung rühren. Kurz dünsten und mit wenig Fleischbrühe ablöschen. Das gare Suppenfleisch aus dem Topf nehmen und in Würfel schneiden. Die Knochen entfernen. In der Brühe die vorbereiteten Kartoffelstücke zunächst 10 Minuten kochen, dann erst kommt das Sauerkraut dazu, sonst bleiben die Kartoffeln hart.

Zwiebel-Tomaten-Mischung und die vorgekochte rote Bete zusammen mit dem Suppenfleisch in die Brühe geben, nochmals mit Salz und Pfeffer abschmecken und heiß servieren. Auf jeden Teller einen Klacks saure Sahne geben, mit der Suppe verrühren.

Dazu paßt am besten frisches Weißbrot.

Tips

Borschtsch ist eine russische Kraftsuppe und vor allem für die Leute auf dem Land sehr praktisch, weil sie mit jedem Aufwärmen noch besser schmeckt.
In Sibirien ist alles Essen auf die Grundnahrungsmittel wie Kartoffeln, Fleisch und Rote Bete beschränkt. Und das wird vor allem in einem Topf zusammen gekocht.

Suppen, Eintöpfe und Aufläufe

Maren Kroymann:

Sauerampfersuppe

2–3 Bund Sauerampfer (frisch vom Gemüsemarkt oder selbst auf einer ungespritzten, ungedüngten Wiese gesammelt)

1 mehligkochende Kartoffel

25 g Butter

2 EL neutrales Pflanzenöl (Sonnenblumen- oder Distelöl)

3 Gläser Kalbsfond (à 400 ml) oder knapp 1 1/4 l Brühe aus Brühwürfeln zubereitet

1 Becher Crème fraîche

Salz, frisch gemahlener weißer Pfeffer

Den Sauerampfer gründlich waschen, die groben Stiele entfernen. Wenn die Blätter etwas müde aussehen, ein bißchen in kaltem Wasser liegen lassen.

Die Blätter gut trocknen und großzügig hacken – so in etwa 2 cm breite Stücke. Die Kartoffel schälen.

In einem Topf (Stielkasserolle für ca. 2 Liter) halb Pflanzenöl, halb Butter bei mäßiger Hitze zerschmelzen lassen.

Den Sauerampfer darin unter Rühren zusammenfallen lassen, bis er sich gelb-bräunlich färbt (das geht sehr schnell).

Jetzt den Fond oder die Brühe aufgießen und erhitzen. Wenn die Suppe anfängt zu köcheln, die Kartoffel in ganz dünnen Scheiben (am besten mit dem Gurkenhobel raspeln) zugeben. Alles etwa 30 Minuten leise köcheln lassen.

Die Suppe mit einem Stabmixer pürieren und mit dem Kochlöffel durch ein Küchensieb (oder Haarsieb) streichen, damit die Suppe ihre cremige Konsistenz bekommt. Die Crème fraîche (es muß nicht der ganze Becher sein, es reicht auch ein guter Eßlöffel voll) unterrühren. Mit Salz und Pfeffer abschmecken. Wenn die Suppe noch etwas milder sein soll, darf auch noch ein Löffel Butter darin schmelzen. Dann gleich servieren.

Dazu paßt ein trockner, fruchtiger Roséwein aus Italien.

Suppen, Eintöpfe und Aufläufe

Marita Blüm:

Feines Linsensüppchen

150 g kleine grüne französische Linsen (oder rote Linsen)

1 Zwiebel

1 Möhre

1 Stange Lauch

1 unbehandelte Zitrone

1 Zweig frischer Estragon oder 1/2 TL getrockneter Estragon

1 Stück Räucheraal als Einlage

2 EL Olivenöl

1 l Instant-Gemüsebrühe (Reformhaus)

1 Glas Weißwein

2 Becher Sahne

2 EL Crème fraîche

Salz, Pfeffer, Cayennepfeffer

Kleine grüne Linsen eventuell 2 Stunden in kaltem Wasser einweichen (rote Linsen nicht). Zwiebel, Möhre und den Lauch putzen, in Streifchen schneiden. Zitronenschale in feinste Streifen schneiden. Estragon waschen, die Blättchen abzupfen. Räucheraal in Stücke teilen, zur Seite stellen.

Olivenöl in einem Topf erhitzen. Linsen mit Gemüse und Zitronenschale unter Rühren anbraten. Die heiße Brühe und Wein aufgießen. Aufkochen und etwa 20 Minuten köcheln lassen, gelegentlich umrühren. Sahne und Crème fraîche zugeben, mit Salz, Pfeffer und Cayennepfeffer abschmecken, eventuell im Mixer (mit dem Pürierstab) etwas pürieren und die Estragonblätter dazugeben. Zuletzt die Aalstücke kurz in der Suppe erhitzen.

Dazu paßt ein Weißwein, zum Beispiel ein Grauburgunder vom Kaiserstuhl (Baden).

Tips

Statt der Aalstücke schwimmen bei besonderen Gelegenheiten auch mal einige Krebsschwänze in der Suppe. Soll sie als Eintopf serviert werden, mehr Linsen und Gemüse nehmen, hinterher nicht pürieren. Schmeckt auch aufgewärmt.

Reinhard Mey:

Vegetarische Lauchsuppe

3 Lauchstangen

1 l Gemüsebrühe, aus Paste bereitet (Reformhaus)

1 Bund Schnittlauch

etwas frischer Liebstöckel

Salz, Pfeffer

Reinhard Meys Kinder nennen diese Suppe »Mama-ist-nicht-da-Suppe« – weil er sie immer dann kocht, wenn seine Frau verreist ist.

Das Weiße vom Lauch putzen, gründlich waschen und in Scheiben schneiden.

Die Brühe aufkochen und den Lauch kurz darin garen. Schnittlauch und Liebstöckel fein schneiden.

Die Suppe mit Salz und Pfeffer abschmecken, auf Teller verteilen und mit den gehackten Kräutern bestreuen.

Suppen, Eintöpfe und Aufläufe

Rita Süssmuth:

Pilchjes-Pfannekuchen

500 g mehlig-festkochende Kartoffeln

2 Tassen Mehl

3 Eier

Salz

2 Zwiebeln

100 g durchwachsener Speck

Sonnenblumenöl

etwa 1 Tasse frisch aufgebrühter, starker Filterkaffee

Die Kartoffeln schälen und in kleine Stifte schneiden – etwas kleiner als für Pommes-Frites. Aus Mehl, ca. 2 Tassen Wasser, Eiern und etwas Salz einen glatten, dickflüssigen Pfannkuchenteig rühren. Eine halbe Stunde quellen lassen.

Die Zwiebeln pellen und fein hacken. Den Speck (ohne Schwarte) in kleine Würfel schneiden. In einer Pfanne etwas Sonnenblumenöl erhitzen, die Speckwürfel darin anrösten. Dann die Zwiebeln dazugeben und braten, bis sie leicht gebräunt sind.

Jetzt kommen so viel Pilchjes (Kartoffelstifte) dazu, bis der Pfannenboden mit Zwiebeln, Kartoffeln und Speck locker bedeckt ist. Leicht salzen. Während die Pilchjes garen, vorsichtig tröpfchenweise Kaffee darüber träufeln, bis die Mischung leicht gebräunt ist. Dann die Masse mit dem Pfannkuchenteig knapp bedecken – so, daß die Pilchjes noch etwas herausschauen. Nach ein paar Minuten den Pfannkuchen mit Hilfe eines Tellers in der Pfanne wenden, noch einige Minuten weitergaren lassen und dann servieren.

Die Spezialität aus dem Rheinland wird auch Pillekuchen, Pillekoche oder Pinnchenskuchen genannt und ist im Bergischen Land sehr beliebt.

Suppen, Eintöpfe und Aufläufe

Rainer Brüderle:

Backesgrumbeere

250 g Schweinekamm

250 g Kasseler, geräuchert

250 g Zwiebeln

5 Knoblauchzehen

2 Lorbeerblätter

2 Nelken

Thymian, Petersilie und Kerbel (frisch, notfalls getrocknet)

1/4 l trockener Weißwein (Silvaner aus der Pfalz oder Rheinhessen)

Butter für die Form

1 kg festkochende Kartoffeln

125 g süße Sahne

Salz, Pfeffer, Muskat

125 g Dörrfleisch (geräucherter Bauchspeck)

»Grumbeere« nennen die Pfälzer ihre Kartoffeln, auf die sie besonders stolz sind. Und »Backes« stammt aus der Zeit, als dieser gehaltvolle Kartoffelauflauf zum »Backeshaus«, dem Brotbackhaus, gebracht wurde, weil es in den meisten Familien noch keinen eigenen Backofen gab.

Am Tag vor der Zubereitung den Schweinekamm und das Kasseler in gabelgerechte Stücke schneiden. Die Zwiebeln schälen und in Ringe schneiden. Die Knoblauchzehen zerdrücken und mit Lorbeerblättern, Nelken und den Kräutern unter den Weißwein mischen. Fleisch und Zwiebeln in eine Schüssel füllen und mit dem Wein übergießen. Etwa 24 Stunden ziehen lassen.

Am nächsten Tag zur Zubereitung eine ofenfeste Auflaufform mit hohem Rand (er sollte etwa 10 cm hoch sein) oder einen Bräter gut mit Butter ausstreichen.

Das Fleisch mit den Zwiebeln abtropfen lassen, die Marinade auffangen. Die Kartoffeln waschen, schälen und in dünne Scheiben schneiden. Abwechselnd Kartoffelscheiben und das Fleisch-Zwiebel-Gemisch in die Form einschichten, jedesmal mit Salz, Pfeffer und Muskat würzen. Die letzte Lage besteht aus Kartoffeln. Darüber wird die Sahne und der Weinsud gegossen. Das Dörrfleisch in kleine Würfel schneiden und über den Auflauf streuen.

Die Backesgrumbeere im Ofen 1 1/2 bis 2 Stunden bei 220°C backen, dabei die erste Stunde den Deckel auflegen oder die Oberfläche mit Alufolie abdecken, damit sie nicht zu dunkel wird.

Dazu trinkt man am besten einen trockenen, leichten Silvaner aus der Pfalz oder Rheinhessen.

Suppen, Eintöpfe und Aufläufe

Nicole:

Won-Ton-Suppe

Für 8–10 Personen

Nudelteig:

250 g Mehl

3 Eier

Salz

Mehl zum Ausrollen

Füllung:

8 getrocknete chinesische Shiitake-Pilze (Tongupilze)

3 EL Sesamöl

500 g Rinderhackfleisch

50 g Bambussprossen aus der Dose

1 TL eingelegter Ingwer

2 EL helle Sojasauce

1 TL Salz

1 TL Speisestärke

Außerdem:

125 g Spinat

125 g Chinakohl

50 g Kresse

1 Bund Frühlingszwiebeln

2,5 l Hühnerbrühe

gemahlener Koriander

Das Mehl in eine Schüssel sieben, mit den Eiern und dem Salz zu einem festen Nudelteig verarbeiten. 1 Stunde kühlen.

Die chinesischen Pilze etwa 30 Minuten in warmem Wasser einweichen, dann fest ausdrücken, die Stiele entfernen und die Hüte vierteln.

Für die Füllung das Öl in einer Pfanne oder im Wok erhitzen, das Hackfleisch kurz anbraten und mit einer Gabel in kleine Stücke zerteilen. Die Pilze, die abgetropften und sehr klein gehackten Bambussprossen, den Ingwer, die Sojasauce, das Salz und die mit etwas Pilzwasser angerührte Speisestärke dazugeben, kurz aufkochen lassen, dann zur Seite stellen und abkühlen lassen.

Den Nudelteig hauchdünn ausrollen (am einfachsten geht das mit einer Nudelmaschine), in ca. 6 x 6 cm große Quadrate schneiden und auf jedes Teigstück 1 gehäuften TL von der Füllung geben. Die Teigstücke diagonal zu Dreiecken zusammenlegen, die beiden seitlichen Ecken übereinanderfalten und die Ränder gut andrücken. Die fertigen Teigtaschen auf ein Küchentuch legen.

Den Spinat und Chinakohl gut waschen, Spinat verlesen, dabei die groben Stiele entfernen. Frühlingszwiebeln putzen und in kleine Ringe schneiden. Die Brühe zum Kochen bringen. Den Chinakohl in kleine Stücke schneiden, mit dem Spinat und den Teigtaschen sowie der Kresse in die Hühnerbrühe geben. Aufkochen und bei nicht zu starker Hitze 5 Minuten ziehen lassen.

Die Brühe mit etwas Koriander abschmecken, alles in Suppentassen servieren.

Tips

Die Won-Ton-Taschen lassen sich gut auf Vorrat bereiten und tiefkühlen.

Suppen, Eintöpfe und Aufläufe

Elke Sommer:

Chicken-Stoup

1 Suppenhuhn

Salz

1/2 kg festkochende Kartoffeln

1 Weißkohl (Weißkraut)

1/2 kg Möhren

3 Stangen Lauch (Porree)

1 Sellerieknolle oder 1 Staudensellerie

1/2 kg Zwiebeln

Majoran, getrocknet und frisch

Kräuter der Provence

weißer Pfeffer

1 Limette

Knoblauch

2 kleine Äpfel

Koriandergrün (Cilantro)

Tabasco

Der Name ist kein Druckfehler, sondern eine Mischung aus »Stew« und »Soup«, also etwas zwischen Eintopf und dicker Suppe.

Das Suppenhuhn in einem großen Topf in Salzwasser weich kochen, das dauert etwa 1 1/2 Stunden. Dann das Huhn aus der Brühe heben und abkühlen lassen.

Alle Gemüse putzen, waschen, pellen, schälen und so weiter. In grobe Stücke schneiden.

Vom handwarm abgekühlten Suppenhuhn das Fleisch ablösen und zerteilen.

Die Brühe wieder aufkochen. Zuerst die Möhren in die Brühe geben, köcheln lassen. 5 Minuten später die Kartoffeln, nach weiteren 3 Minuten den Lauch mit dem Sellerie zugeben. Mit getrocknetem Majoran und Thymian würzen.

Die Zwiebeln mit Kräutern der Provence und weißem Pfeffer in die Brühe geben, anschließend den Weißkohl. Die Limette auspressen und den Saft mit dem Knoblauch zum Gemüse rühren. Die Äpfel ungeschält in den Eintopf schnipseln (sie sollen nur gut heiß werden, nicht musig) und zuletzt kommt der frische, grob zerschnittene Majoran dazu. Herdplatte ausschalten.

Das grob gehackte Koriandergrün und das Hühnerfleisch in den Eintopf rühren, kräftig abschmecken und mit 2 Spritzern Tabasco würzen. Nur noch 1–2 Minuten ziehen lassen, dann auftragen.

Dazu Weißbrot und einen trockenen Weißwein, zum Beispiel einen Riesling, servieren.

Suppen, Eintöpfe und Aufläufe

Wolfgang Fierek:

Jambalaya

2 Hähnchenbrustfilets (ohne Haut)

2 Stangen Staudensellerie

2 grüne Paprikaschoten

450 g Tomaten

225 g mittelgroße Garnelen

2 mittelgroße Zwiebeln

2 Knoblauchzehen

100 g stark geräucherter Schinken (möglichst Tassoschinken)

150 g Andouille oder scharfe Paprika-Salami oder Cabanossi

Salz, schwarzer Pfeffer

Cayennepfeffer

getrockneter Thymian

Pflanzenöl zum Braten

225 g Tomatensauce

250 g Geflügelfond

100 g Frühlingszwiebeln

etwa 500 g gekochter Reis

Hähnchenbrustfilets in 1,5 cm große Würfel schneiden. Staudensellerie putzen und kleinschneiden. Paprikaschoten putzen, entkernen, klein würfeln. Die Tomaten überbrühen, häuten und würfeln.

Die Garnelen aus dem Panzer lösen und die Därme auf der Rückenseite entfernen. Zwiebeln und Knoblauch pellen und fein hacken. Den Schinken in Stücke, die Wurst in Scheiben schneiden.

In einer Schüssel 1 TL Salz mit jeweils 1/2 TL schwarzem Pfeffer, Cayennepfeffer und getrocknetem Thymian mischen, die Hühnerfleischwürfel darin rundum wenden.

Im Schmortopf 2–3 EL Pflanzenöl erhitzen, die Hähnchenfleischwürfel in 6–8 Minuten braun anbraten, dann den Staudensellerie, die Zwiebeln und Knoblauch dazugeben, noch 5 Minuten dünsten. Inzwischen Frühlingszwiebeln putzen und kleinschneiden.

Schinken, Wurst, Tomaten und Paprikawürfel, die Tomatensauce und den Geflügelfond dazugeben und aufkochen. Die Hitze zurückschalten und köcheln, bis die Tomaten zerfallen sind. Garnelen unterrühren und noch 2–3 Minuten ziehen lassen.

Pikant abschmecken und soviel gegarten Reis darüberstreuen, daß der Eintopf weder zu suppig noch zu trocken ist. Die Frühlingszwiebeln untermischen und servieren.

Dazu paßt ein Weißwein, ein guter Chardonnay, oder ein Roséwein aus Kalifornien.

Tips

Den Reis könnte man zwar auch im Eintopf mitgaren, aber dann läßt sich die Garzeit schlecht abschätzen, das Gemüse soll noch etwas Biß haben. Sie können den Reis auch wie eine Beilage extra dazu servieren.

Suppen, Eintöpfe und Aufläufe

Leslie Malton:

Sweet Corn and Crab Chowder

2 große Kartoffeln (möglichst aus biologischem Anbau)

1 mittelgroße Zwiebel

für Nichtvegetarier 90 g durchwachsener Speck, sonst etwas Butter

375 ml Fischfond (aus dem Glas)

Salz, Pfeffer

1 Lorbeerblatt

375 ml Milch

125 ml Sahne

500 g Maiskörner, frisch oder tiefgekühlt (nicht aus der Dose)

1/2 TL getrockneter Thymian

500 g Königskrebsfleisch (King Crabmeat) aus der Dose (oder Hummer aus der Dose)

1 Bund glatte Petersilie

2 EL trockener Sherry

Die Kartoffeln sehr gründlich waschen und bürsten, ungeschält in kleine Würfel schneiden (unter der Schale stecken die meisten Vitamine). Zwiebel pellen und klein würfeln.

Für Nichtvegetarier: Den Speck in kleine Würfel schneiden. Im Suppentopf bei mittlerer Hitze auslassen, Speckwürfel herausnehmen und beiseite stellen.

Wenn vorher Speck ausgelassen wurde, ist jetzt genug Fett im Topf, sonst im Suppentopf die Butter erhitzen. Die Zwiebelwürfel darin goldgelb andünsten. Die Kartoffelwürfel in den Topf geben, Fischfond, Salz, Pfeffer und Lorbeerblatt einrühren und aufkochen lassen, dann bei schwacher Hitze zugedeckt etwa 15 Minuten leise köcheln lassen.

Milch und Sahne aufgießen, die Maiskörner zugeben und den Thymian dazubröseln. Ohne Deckel etwa 5 Minuten köcheln lassen.

Das Krebsfleisch aus der Dose in ein Sieb gießen und das Fleisch kurz mit Wasser abspülen, dann etwas auseinanderpulen, dabei eventuell hornige Panzerreste entfernen.

Das Krebs- oder das Hummerfleisch in den Topf geben und noch etwa 5 Minuten leise köcheln lassen, bis die Kartoffeln gar sind. Die Petersilie hacken. Die Suppe mit Sherry abschmecken (eventuell die zur Seite gestellten Speckwürfelchen zugeben) und mit der gehackten Petersilie garnieren.

Dazu paßt trockener italienischer Weißwein, zum Beispiel ein Bianco di Custoza.

Tips

Chowder kommt vermutlich vom französischen »chaudier«, einem großen schwarzen Eisentopf, und ist ein Gericht aus New England. Am besten schmeckt es aufgewärmt am nächsten Tag.

Suppen, Eintöpfe und Aufläufe

Herbert Feuerstein:

Couscous

500 g Couscous (vorgegarter grobkörniger Hartweizen-Grieß, gibt's in Supermärkten, Reformhäusern, arabischen und türkischen Lebensmittelgeschäften)

500 g mageres Lammfleisch ohne Knochen (aus Keule oder Schulter)

300-400 g Hähnchenfleisch (Brust-Filet)

3 Zucchini

4 Möhren

2 Stangen Staudensellerie

4 Zwiebeln

150 g Kichererbsen (aus der Dose)

3-4 EL neutrales Pflanzenöl

2-3 Tassen Fleischbrühe (selbstgemacht, Instant-Brühe oder Fond aus dem Glas)

1 Lorbeerblatt

2 Gewürznelken

Salz, Pfeffer

Couscous heißt sowohl der grobkörnige Grieß, der im Dampf gegart wird, als auch das fertige Gericht. Dieses Rezept stammt aus Algerien.

Den Couscous-Grieß in 1 l leicht gesalzenem Wasser einweichen (ist der Grieß nicht vorgegart, über Nacht quellen lassen. Steht auf der Packung). Das Lammfleisch in ca. 2 cm große Würfel schneiden. Das Hähnchenfleisch ebenso würfeln. Möhren und Zucchini putzen und in 6-7 cm große Stücke schneiden, diese der Länge nach vierteln. Selleriestangen waschen, in 6-7 cm große Stücke schneiden, dabei die Fäden außen abziehen. Anschließend die Zwiebeln pellen und ziemlich grob würfeln. Zum Schluß die Kichererbsen abtropfen lassen.

In einem großen Topf, in den ein passendes Metallsieb gehängt werden kann (in Nordafrika hat man dafür eine Couscousière), das Öl erhitzen, die Lammfleischwürfel unter Rühren anbraten, bis sie rundum leicht gebräunt sind. Dann das Hühnerfleisch zugeben, ebenfalls etwas anbraten. Die Zwiebelwürfel dazugeben und goldbraun schmoren. 1 Tasse Brühe aufgießen, Lorbeerblatt und die Nelken zugeben, salzen und pfeffern. Den Deckel auflegen und bei kleiner Hitze ca. 45-50 Minuten köcheln lassen, bis das Fleisch gar ist.

In einem zweiten Topf die restliche Brühe aufkochen und die Gemüsestücke 4-5 Minuten garen. Das Gemüse mit den Kichererbsen in den Topf zu der Fleisch-Zwiebelmischung geben. Den eingeweichten Couscous gut abtropfen lassen und in einem Sieb über den Topf hängen, den Deckel fest auflegen. Falls der Deckel nun nicht richtig abschließt, ein feuchtes Küchentuch darüber legen. Den Couscous-Grieß im Aromadampf ca. 25 Minuten garen lassen.

Zum Servieren den Grieß mit einer Gabel auflockern, auf eine Platte häufen, mit etwas Sauce beträufeln und das Fleisch und Gemüse darum herum verteilen.

Dazu paßt Tee (Schwarztee mit frischer Minze, grüner chinesischer Tee oder Pfefferminztee). Oder ein sehr trockener (algerischer) Weißwein.

In Nordafrika verwendet man eine spezielle Couscousière aus Ton, Aluminium oder Edelstahl, die aus einem Topf mit Dämpfaufsatz besteht. Statt dessen geht auch ein Topf mit passendem Sieb oder ein Schnellkochtopf mit Siebeinsatz (nicht mit Druck garen, sonst wird der Grieß zu Brei).

Suppen, Eintöpfe und Aufläufe

Pavel Kohout:

Linsen mit Reis und »Kanadischer Rose«

2 Tassen kleine Linsen (nicht eingeweicht)

2 Tassen Langkorn-Reis, Salz

4 große Zwiebeln

Pflanzenöl zum Braten

4 kurze, dicke Speckwürste

4 Eier, Kümmel

4 süßsaure Gurken

Kremser Senf

Für dieses alte mährische Rezept die Linsen in kaltem Wasser aufsetzen, aufkochen lassen und zugedeckt bei schwacher Hitze »al dente« garen. Zur gleichen Zeit den Reis in siedendes, gesalzenes Wasser streuen und 15–20 Minuten kochen lassen. Die Linsen und der Reis sollen dann das Wasser aufgesogen haben.

Inzwischen Zwiebeln schälen und in Scheiben schneiden, zu Ringen aufblättern. Zwiebelringe mit wenig Öl in der Pfanne schön braun rösten.

Die Würste von beiden Enden bis zur Mitte hin sechsmal einschneiden. In der Pfanne oder unterm Grill braten, bis sich die Enden spreizen, »aufblühen« (Original-Bezeichnung dafür: »Kanadische Rose«). Die Eier in die Pfanne geben und Spiegeleier braten.

Die Linsen mit Kümmel und Salz abschmecken, auf jeden Teller eine Portion Linsen und eine Portion Reis setzen. Daneben ein Spiegelei, eine Wurst und eine Gurke, die Röstzwiebel darüber verteilen und einen Klecks Senf dazu geben.

Dazu paßt am besten ein original Pilsener Bier, ein Urquell.

Der Name »kanadische Rosen« stammt aus den 30er Jahren, als viele arbeitslos waren und in der Tschechoslowakei wie die alten amerikanischen Tramps durchs Land zogen. Sie brieten das billigste, was es gab, über dem Lagerfeuer: die Wurst. Und damit auch das Auge etwas hatte, kam man auf die Idee, die Würste so einzuschneiden, daß sie wie Blüten aussahen. Und »kanadisch« hießen sie wegen des Fernwehs nach dem Land der unbegrenzten Möglichkeiten.

Heidi Kabel:

Birnen, Bohnen und Speck

4 Scheiben durchwachsener Räucherspeck zu je 150 g

1 kg grüne Bohnen

2 Stengel Bohnenkraut (oder 1 TL getrocknetes Bohnenkraut)

500 g kleine Kochbirnen

Salz, Pfeffer

1 Bund Petersilie

Etwa 3/4 l Wasser aufkochen, die Speckscheiben darin bei schwacher Hitze zugedeckt 15–20 Minuten kochen. Inzwischen die Bohnen eventuell entfädeln, waschen und in Stücke brechen. Die Bohnen nach der Garzeit mit dem Bohnenkraut zum Speck geben und noch 15 Minuten kochen. Birnen waschen, Blütenansatz entfernen. Mit Stiel und ungeschält auf die Bohnen legen. Noch etwa 20 Minuten garen, bis die Birnen weich, aber noch nicht musig sind. Salzen, pfeffern und mit gehackter Petersilie bestreut servieren.

Am besten dazu noch Salzkartoffeln reichen.

Suppen, Eintöpfe und Aufläufe

Hape Kerkeling:

Parmesan-Auberginenauflauf

4 Auberginen

Salz

etwas Zitronensaft

4 Knoblauchzehen

Distelöl zum Braten

200 g frische Champignons

2 Zwiebeln

200 g grüne Erbsen (tiefgekühlt)

500 g geschälte Tomaten

1 Bund frisches Basilikum

Pfeffer, Oregano, Zucker

200 g Mozzarella in Scheiben

200 g frisch geriebener Parmesan

Auf italienisch schmeckt das Gericht noch viel schöner auf der Zunge: »Melanzane alla Parmigiana«. Trotz des Namens stammt es nicht aus Parma, sondern aus Neapel.

Die Auberginen in hauchdünne Scheiben schneiden, sofort in Salzwasser (am besten mit einem Schuß Zitronensaft) legen, damit sie sich nicht verfärben. Die Hälfte vom Knoblauch pellen und durchpressen. Die Auberginenscheiben gut abtropfen lassen und mit Küchenkrepp trocknen. Portionsweise in einer Pfanne mit Distelöl auf beiden Seiten braun braten. Die fertig gebratenen Scheiben übereinander stapeln, jede Schicht salzen und mit Knoblauch bestreichen. Die Schichten durch saugfähiges Papier trennen, damit das Öl abtropfen kann.

Während des Bratens die Füllung vorbereiten: Die Champignons putzen, in Scheiben schneiden. Zwiebeln und die restlichen Knoblauchzehen pellen und hacken, in einem Topf in Distelöl schmoren. Die Pilze und Erbsen hinzugeben, anschmoren. Zum Schluß die geschälten Tomaten und gehacktes Basilikum unterrühren. Offen kochen lassen, bis die Sauce schön dick geworden ist. Mit Salz, Pfeffer, Oregano und einer Prise Zucker abschmecken.

Backofen auf 150°C vorheizen. Eine Auflaufform mit Öl ausstreichen. Eine Schicht Auberginen hineinlegen. Darauf etwas Tomatenfüllung, mit Mozzarellascheiben und Parmesan bedecken. Darauf wieder eine Schicht Auberginen, Tomatenfüllung und so weiter. Die oberste und letzte Schicht besteht wieder aus Auberginen. Dann das Ganze in den Ofen schieben und ca. 20 Minuten brutzeln lassen. Dann den Ofen ausschalten und den Auflauf vorm Anschneiden noch etwas darin ruhen lassen.

Tips

Statt Distelöl geht auch ein neutrales Pflanzenöl. Aber kein Olivenöl nehmen, sonst wird das Gericht zu fett. Reste schmecken auch noch am nächsten Tag, zum Beispiel kalt auf Weißbrot oder aufgewärmt.

Suppen, Eintöpfe und Aufläufe

Dirk Bach:

Chili con carne

Für 6 Personen:

1 kg Hackfleisch vom Rind

Pflanzenöl zum Braten (Sesam- oder Sonnenblumenöl)

5–6 mittelgroße Zwiebeln (wahlweise)

3–4 Knoblauchzehen, fein gehackt

1 TL Kümmel oder Kreuzkümmel (Cumin)

1 TL Oregano

Chili-con-carne-Gewürzmischung oder 1/4 TL Cayenne-Pfeffer oder Chili-Pulver

100 g Tomatenmark

1 l Rinderbrühe (aus Instant-Pulver oder selbst gekocht)

2 große Dosen Bohnen (Kidney Beans oder Feuerbohnen oder weiße Bohnen oder verschiedene Bohnen gemischt)

1 Dose Maiskörner

Salz, Pfeffer, Salsa-Sauce

wahlweise: 1 Dose Ananasstücke, Goudakäse, je 1 Becher Crème fraîche und Crème double

In einem Eintopf-Topf das Hackfleisch in Öl unter Wenden kräftig anbraten, gehackte Zwiebeln und Knoblauch dazugeben und weiterbraten, bis die Zwiebeln und der Knoblauch glasig sind.

Kreuzkümmel, Oregano und Chili-con-Carne-Gewürzmischung (oder Cayenne, Chilipulver) sowie das Tomatenmark dazurühren. Die Brühe aufgießen und ca. 1 Stunde zugedeckt köcheln lassen.

Dann kommen die Bohnen und die Maiskörner dazu und werden noch 15–20 Minuten mitgeköchelt. Mit Salz, Pfeffer und Salsa-Sauce abschmecken. Wer mag, gibt die abgetropften Ananasstücke dazu und läßt den gewürfelten Käse im Eintopf schmelzen – damit wird's schön cremig – und verrührt zum Schluß Crème fraîche mit Crème double und setzt das als Klecks auf jede Portion Chili.

Dazu passen Taco-Chips, frisches Weißbrot oder Baguette und Bier (Kölsch) oder ein kräftiger Rotwein, zum Beispiel ein Cabernet-Sauvignon aus Kalifornien.

Suppen, Eintöpfe und Aufläufe

Barbara Rütting:

Spinat-Hirse-Auflauf

300 g Hirse

1 l Gemüsebrühe (oder halb Brühe, halb Milch oder Wasser)

Muskatnuß

gehackte Petersilie

Kräutersalz

Pfeffer

1 kg Blattspinat oder Mangold oder junge Brennesseln

1 Zwiebel

2 EL Öl

3 EL Butter

evtl. gekörnte Gemüsebrühe

Knoblauch nach Belieben

4 reife Tomaten

2 Kugeln Mozzarella

100 g geriebener Parmesan oder Bergkäse

Die Hirse in einem Sieb gut abspülen. Mit der Gemüsebrühe in einen großen Topf (man kennt ja die Geschichte vom Hirsebrei) geben und erhitzen, 5 Minuten zugedeckt kochen und bei kleiner Hitze ausquellen lassen (das dauert etwa 20–30 Minuten). Den Hirsebrei mit Muskat, gehackter Petersilie, Kräutersalz und Pfeffer abschmecken.

Die Spinatblätter mehrmals gründlich waschen. Die Zwiebel hacken und in Öl mit 1 EL Butter goldgelb dünsten. Den abgetropften Spinat zugeben und bei starker Hitze kurz zusammenfallen lassen. Mit Kräutersalz oder gekörnter Brühe, zerdrücktem Knoblauch und Muskat abschmecken, ein Flöckchen Butter unterziehen.

Den Backofen auf 200°C vorheizen. Den Spinat zerzupfen und locker unter den Hirsebrei mischen – die Spinatblätter sollen noch sichtbar sein. In eine gut ausgebutterte Auflaufform füllen.

Tomaten und Mozzarella in Scheiben schneiden, dekorativ auf dem Auflauf auslegen. Mit Pfeffer und geriebenem Käse bestreuen, wer mag, gibt auch noch ein paar Butterflöckchen darüber, damit die Oberfläche schön bräunt.

Im heißen Ofen 20–30 Minuten überbacken (die Garzeit hängt davon ab, ob die Zutaten noch warm oder schon abgekühlt sind).

Dazu paßt ein leichter, trockener Weißwein.

Tips

Hirse ist ein sehr altes und gesundes Getreide – reich an Eisen, Fluor und vor allem an Kieselsäure, die wichtig für den Aufbau von Haut und Knochen ist. Außerdem senkt sie den Cholesterinspiegel, stärkt und beruhigt die Nerven und ist gut gegen Streß.

Im Frühling schmeckt das Gericht auch mit einer Mischung aus Spinat und jungen, zarten Brennesselblättern.

Suppen, Eintöpfe und Aufläufe

Henry Maske:

Kohlrabi-Eintopf mit Kasseler und Gänsekeulen

Für 6 Personen:

500 g gepökelter Schweinebauch (Kasseler)

2 tiefgekühlte Gänsekeulen

4 Zwiebeln

1 kg Kohlrabi oder Steckrüben

1 EL Majoran

2 EL gekörnte Brühe

6 vorwiegend festkochende Kartoffeln

Salz, schwarzer Pfeffer aus der Mühle

Den Schweinebauch, die noch gefrorenen Gänsekeulen und geschälte, kleingeschnittene Zwiebeln in 1 1/2 Liter Wasser aufsetzen, offen aufkochen und den Schaum abschöpfen. Zugedeckt bei mittlerer Hitze 25 Minuten kochen lassen.

Inzwischen die Kohlrabi oder Steckrüben schälen und würfeln, mit dem Majoran und der gekörnten Brühe zugeben und zugedeckt bei schwacher Hitze 40 Minuten kochen lassen.

Wenn die Rüben fast gar sind, das Fleisch herausnehmen, etwas abkühlen lassen, die Knochen und das Fett entfernen und das Fleisch würfeln wie die Rüben. Wieder in den Topf geben und noch 30 Minuten garen.

Inzwischen die Kartoffeln schälen, in Würfel schneiden und in einem zweiten Topf in Salzwasser 15–20 Minuten kochen.

Die garen Kartoffelwürfel abgießen, ausdampfen lassen und kurz vorm Servieren zu dem Eintopf rühren. Mit Salz und schwarzem Pfeffer pikant abschmecken.

Tips

Kohlrabi sind für einen Frühjahrs-, die Steckrüben für einen Wintereintopf am besten geeignet.
Die Steckrüben schmecken süßlich-herb, haben wenig Kalorien, aber viel Ballaststoffe und Vitamin C. Großzügig schälen, holzige Stellen wegschneiden.
Der Eintopf schmeckt am besten, wenn er am Tag vorher zubereitet und dann noch einmal aufgewärmt wird. Fleisch und Gemüse sollten so klein geschnitten werden, daß man auf einem Löffel von allem etwas hat.

Suppen, Eintöpfe und Aufläufe

Sabine Kaack:

Grünkohl mit Pinkel und karamelisierten Kartoffeln

4 kg frischer Grünkohl

150 g durchwachsener Räucherspeck

3-4 EL Schweineschmalz

1 Brühwürfel

1 Zwiebel

1 Knoblauchzehe

4 Kochwürste (geräucherte Mettwurst)

4 Kasseler-Koteletts

4 Pinkelwürste (fette Grützwurst mit Speck und Gewürzen, in dickeren Darm gefüllt. Bremer Spezialität zu Grünkohl)

Salz, Pfeffer, etwas Zucker

1 kg sehr kleine festkochende Kartoffeln (z.B. Brätlinge oder Bamberger Hörnle)

2 EL Butter

2 EL Zucker

extra scharfer Senf

Am besten schon am Vortag den frischen Grünkohl sehr gründlich waschen und die krausen Blätter von den dicken Strünken ziehen. Dabei die Blätter kleinreißen, die Strünke entsorgen. Die Blätter gut trocknen (mit Küchenkrepp, in einer Salatschleuder oder einem großen Küchentuch schwenken).

Den Speck in ganz kleine Würfel schneiden. In einem sehr großen, möglichst breiten Topf das Schmalz erhitzen und die Speckwürfel darin auslassen.

Dann den Grünkohl portionsweise in den Topf geben und bei starker Hitze zusammenfallen lassen, bis die nächste Portion hineinpaßt. Bei Bedarf ein wenig Wasser oder Brühe nachgießen, meist geben aber die Kohlblätter genügend Flüssigkeit ab. Den Brühwürfel dazubröseln. Anschließend die Zwiebel kleinschneiden und die geschälte Knoblauchzehe mit etwas Salz zerdrücken, beides zum Kohl geben. Bei geschlossenem Deckel etwa 2 Stunden kochen lassen. Über Nacht ruhen lassen.

Am nächsten Tag den Grünkohl aufwärmen, die Kochwürste, Kasseler und die Pinkelwürste (mit einer Gabel mehrfach angepiekst) in den Topf geben, mit Grünkohl zudecken und bei kleiner Hitze 1 Stunde garen. Mit Salz, Pfeffer und etwas Zucker nachwürzen.

Die Kartoffeln waschen und in Salzwasser garkochen, dann pellen. In einer Pfanne etwas Butter schmelzen, den Zucker darin hellbraun karamelisieren und die Kartoffeln darin schwenken, bis sie schön glasiert sind. Mit dem Grünkohl und scharfem Senf servieren.

Dazu gehört ein herbes Bier und eiskalter Kümmelschnaps oder Korn.

Tips

In Schleswig-Holstein, wo Sabine Kaack herkommt, kocht man Grünkohl ohne Pinkel. Der Kohl darf erst nach dem ersten Frost geerntet werden, damit er nicht zu herb schmeckt.

Gemüse und Beilagen

Für viele ist heute das Gemüse wichtiger als Fleisch. Eine erfreuliche Entwicklung, die durch immer neue Skandale noch unterstützt wird. Dabei ist es noch gar nicht lange her, daß jemand, der kein Fleisch ißt, mitleidig angesehen wurde. Oft erzählten mir meine Gäste, daß sie selbst nach einem anstrengenden Arbeitstag oder am Wochenende auf den Markt gehen und sich das Gemüse und frische Kräuter nach Angebot aussuchen. Das Einkaufen ist für sie inspirierend und entspannend.

Viele schätzen die Gemüsegerichte der mediterranen Küche – sie sind einfach, leicht, natürlich. Ihren unverwechselbaren Geschmack erhalten sie durch Olivenöl, natürlich ein gutes, kaltgepreßtes. Und durch Kräuter, möglichst frische.

Aber auch ein gut gekochtes Blaukraut ist etwas Feines. Und »Die Prinzen« verblüfften mich mit ihren Ideen, was man alles in Kohlblätter packen kann.

Gemüse und Beilagen

Wolf Uecker:

Lauchzwiebeln in Grauburgunder mit Parmesanspänen

Als Vorspeise für 3 Personen:

3 Bund Lauchzwiebeln

5 EL Olivenöl

1/2 Glas Grauburgunder (trockener Ruländer oder anderer trockener Weißwein)

3 EL Apfelessig (Obstessig)

2 TL Zucker

200 ml Geflügel- oder Kalbsfond

1/2 TL Salz

weißer Pfeffer aus der Mühle

100 g Parmesan in einem Stück

Dünne Lauchstangen wären für dieses Rezept auch denkbar, aber sie sind derber, bitterer. Es soll ja etwas süßlich schmecken. Deshalb Frühlingszwiebeln – besser gesagt, Lauchzwiebeln, weil es die ja das ganze Jahr über gibt. Also von den Zwiebeln die Wurzelansätze abschneiden, die äußerste Haut abziehen, die weißen und grünen Teile in fingerlange Stücke schneiden. Wenn Sie doch richtige Frühlingszwiebeln bekommen haben, die dickeren Knollen halbieren oder vierteln.

Das Olivenöl in einer Pfanne erhitzen, die Lauchzwiebelstücke dazugeben und mit dem Öl verrühren. Zugedeckt bei kleiner bis mittlerer Hitze dünsten, dabei gelegentlich durchrühren.

Wenn die Zwiebeln leicht bräunen, mit dem Weißwein ablöschen, Apfelessig, Zucker und den Fond zugeben und mit Salz und Pfeffer würzen.

Offen weiterköcheln lassen, bis der Sud eingedickt ist. Gelegentlich vorsichtig umrühren. So schmecken die Zwiebeln auch schon gut, aber es fehlt noch der Pfiff: Den Parmesankäse vom Stück grob hobeln (nicht reiben!). Die Zwiebeln mit dem Schmorsaft auf kalte Teller verteilen, lauwarm werden lassen. Reichlich mit den Parmesanspänen bestreuen und servieren.

Dazu Baguette oder getoastetes Weißbrot reichen.

Tips

Zum Abkühlen können die Teller auch kurz in den Tiefkühler gestellt werden. Die Vorspeise schmeckt auch ganz kalt, läßt sich dann gut vorbereiten.

Gemüse und Beilagen

Sissi Perlinger:

Topinambur und Spargel mit Möhrencreme

Beilage für 4 Personen:

12–15 Topinamburknollen je nach Größe

10 Stangen grüner Spargel

25 g Butter

Für die Möhrencreme:

4–5 zarte junge Möhren

Muskatnuß, frisch gerieben

etwas Sahne und Zitronensaft

Salz

Flüssigwürze, Zucker und Pfeffer nach Belieben

2 EL fein gehackte Petersilie

Die Topinamburknollen unter fließendem Wasser gründlich waschen und bürsten, um alle Erdreste aus den Krümmungen der Knollen zu entfernen.

In ganz wenig Wasser – fast im eigenen Saft, damit sie ihr nussiges Aroma behalten – wie Pellkartoffeln, aber einige Minuten kürzer garen (mit einem spitzen Messer einstechen, ob sie schon weich sind). Dann die Haut abziehen. Bei sehr kleinen Knollen kann die Haut auch mitgegessen werden – das Schälen wäre sehr mühsam.

Den grünen Spargel waschen, wenn die Enden holzig sind, abschneiden und die Stangen in etwa daumenlange Stücke schneiden.

In einer Pfanne Butter erhitzen, die Spargelstücke darin leicht anbräunen, dazu kommen die geschälten, garen Topinambur. Alles unter Rühren noch 5 Minuten erhitzen. Das Gemüse nicht salzen, es ist so schon würzig genug.

Für die Möhrencreme die Möhren waschen und sauber schrappen oder schälen, in Scheiben schneiden. Härtere Möhren vor dem Pürieren kurz blanchieren, sie sollen aber nicht zu weich werden. In ein schmales, höheres Gefäß mit etwas Wasser und Sahne geben. Etwas Muskatnuß dazureiben. Dann alles mit dem Pürierstab zerkleinern.

Abschließend noch mit etwas Zitronensaft, Salz, eventuell etwas Flüssigwürze, einer Prise Zucker, Pfeffer und der fein gehackten Petersilie zu einem Püree rühren.

Auf einem Teller das Pfannengemüse und die Möhrencreme anrichten, zum Beispiel zu gedünstetem Fisch servieren.

Tips

Topinambur (auch Erdartischocken genannt) sind die Knollen einer Sonnenblumenart aus Nordamerika, die in letzter Zeit wieder häufiger auf unseren Märkten zu finden sind. Die ingwerwurzelähnlichen Knollen enthalten das Kohlenhydrat Inulin, das auch von Diabetikern gut vertragen wird.
Sissi Perlingers wichtigster Tip zum Pürierstab: »Vor dem Auslecken erst ausstecken!«

Gemüse und Beilagen

Jürgen von der Lippe:

»Reistraum«

1 Tasse Basmati-Reis

2 Tassen Milch

2 Zwiebeln

4 Knoblauchzehen

Butterschmalz zum Braten

2 TL Kreuzkümmel

1 TL Chilipulver

1 TL Zimt

1/2 TL Kurkuma (Gelbwurz, Turmerik)
oder statt der Gewürze eine indische Gewürzmischung aus dem Glas

3 Eier

4 EL Tomaten-Ketchup

1 Tasse geriebener Käse (Greyerzer, Emmentaler oder Cheddar)

1 EL gehackte Petersilie, Salz

Für dieses pikante indische Reisgericht (ein originelles »Pfenniggericht«) den Reis mit der Milch aufsetzen (Vorsicht, kocht leicht über) und bei schwacher Hitze zugedeckt etwa 15 Minuten garen.

Inzwischen die Zwiebeln und Knoblauchzehen pellen und fein hacken.

In einer großen Pfanne Butterschmalz erhitzen, die Zwiebelwürfel anbraten, Kreuzkümmel, Chilipulver, Zimt und Kurkuma (oder eine indische Würzpaste) und den gehackten Knoblauch zugeben, unter Rühren braten.

Den gekochten Reis untermischen. Die Eier mit dem Ketchup verrühren und unterheben. Den geriebenen Käse und die gehackte Petersilie zugeben, noch etwa 3 Minuten garen, bis der Käse geschmolzen ist. Mit Salz abschmecken.

Gemüse und Beilagen

Maria und Margot Hellwig:

Spinatknödel

Für 12 Knödel:

300 g altbackenes Weißbrot

125–250 ml Milch

800 g Spinat, Salz

30 g Butter

1 Knoblauchzehe

1 kleine Zwiebel

2 Eier

Pfeffer, frisch geriebene Muskatnuß

1 EL Mehl

2 EL Semmelbrösel

Mehl zum Wenden

80 g Butter

4 EL geriebener Parmesankäse

Das Brot in dünne Scheiben schneiden. Die Milch in einem Topf sehr warm werden lassen, aber nicht aufkochen. Die Brotscheiben mit so viel heißer Milch anfeuchten, wie das Brot aufnimmt.

Den Spinat gut waschen, in Salzwasser einige Minuten überbrühen. In ein Sieb abgießen, gut ausdrücken und fein hacken oder passieren.

Die Butter zerlassen, zerdrückte Knoblauchzehe und die fein gehackte Zwiebel darin andünsten, den gehackten Spinat zugeben und alles 5 Minuten dünsten, etwas abkühlen lassen.

Die Eier und den Spinat zum Brot geben, vermischen. Mit Salz, Pfeffer und einer Prise Muskat abschmecken, Mehl und Semmelbrösel zugeben.

Die Arbeitsfläche mit Mehl bestäuben. Mit nassen Händen aus der Masse kleine Knödel formen und leicht in dem Mehl wenden. Reichlich Salzwasser – die Knödel gehen beim Kochen auf und brauchen Platz zum Schwimmen – erhitzen. Wenn das Wasser sprudelnd kocht, die Knödel einlegen und bei schwächerer Hitze ohne Deckel etwa 15 Minuten leise köcheln lassen.

Die 80 g Butter in einem Pfännchen zerlassen. Die fertigen Knödel abtropfen lassen, mit dem (natürlich frisch) geriebenen Parmesan bestreuen und mit zerlassener Butter übergießen, gleich servieren.

Tips

In Bayern gibt es fertig aufgeschnittenes Knödelbrot – dann die entsprechende Menge nehmen. Es heißt, wenn man eine Eierschale mit ins Kochwasser gibt, zerfallen die Knödel nicht. Sicherer ist es, zuerst einen Probeknödel zu kochen. Wenn er zerfällt, noch etwas Mehl zugeben; wird er zu fest, noch ein Eigelb unter den Teig mischen. Die fertigen Knödel lassen sich auch gut einfrieren.

Gemüse und Beilagen

Wim Thoelke:

»Beduinenobst«

500 g Hackfleisch, halb Rind und halb Schwein

500 g Zwiebeln

Knoblauchzehen nach Belieben

100 g durchwachsener Speck

1 große Kartoffel

3 Eier

Öl zum Braten

1 TL mittelscharfer Senf

Salz, Pfeffer

Currypulver

1 Dose Williams-Birnen

Wim Thoelke hat das Gericht als Student erfunden: »Ich habe mir gedacht, in der Wüste gibt es wahrscheinlich keine Birnbäume, keine Apfelbäume, keine Kirschbäume, aber die Beduinen brauchen auch Vitamine, also werden sie auf Zwiebeln ausweichen. Ein Wirt in Beirut hat sogar das Gericht übernommen – mit deutschem Namen.«

Das Hackfleisch in eine Schüssel geben. Die Zwiebeln und den Knoblauch pellen und in kleine Würfel schneiden, ebenso den Speck. Die Kartoffel schälen und fein reiben

Gemüse und Beilagen

(wenn die Masse noch stehen soll, ein wenig Wasser daraufgeben, damit das Mus nicht braun wird).

Zwiebeln, Knoblauch und geriebene Kartoffel mit dem Hackfleisch mischen, die Eier hineinschlagen und alles mit Senf, Salz, Pfeffer und Curry würzen. Gut vermischen.

In einer Pfanne etwas Öl erhitzen und die Speckwürfel andünsten. Die Zwiebel-Hackfleischmasse im Speckfett etwa 5 Minuten unter Rühren und ständigem Wenden (damit es der Masse nicht langweilig wird) braten, bis alles gut durchgegart ist. Zuletzt das fertige Hackfleischgericht mit den abgetropften Williamsbirnen garnieren (so kommt doch noch Obst dazu).

Zu diesem Schnellgericht paßt am besten Bier.

Renate Schmidt:

Blaukraut

ca. 750 g Rotkohl (Blaukraut)

50 g Gänseschmalz (oder Schweineschmalz)

2 säuerliche Äpfel, z.B. Boskop

Preiselbeeren nach Geschmack

1 Lorbeerblatt

5–10 Nelken nach Geschmack

1 EL rote Pfefferkörner

1 Glas Rotwein (ein trockener, Côtes du Rhône oder fränkischer Domina)

2–3 EL Aceto Balsamico

1–2 EL Rotweinessig

2 Brühwürfel

Zucker nach Geschmack

1 Stange Zimt

Von dem Kohlkopf die äußeren, unansehnlichen Blätter entfernen, dann den Kopf in Achtel schneiden und auf einem Gurkenhobel (oder ähnlichem) in dünne Streifen schneiden.

Das Schmalz in einem großen Topf erhitzen, die Kohlstreifen unter Rühren darin ordentlich anschmoren, die geschälten und in Stücke geschnittenen Äpfel zugeben. Die Preiselbeeren, das Lorbeerblatt, die Nelken und die roten Pfefferkörner unterrühren.

Den Rotwein aufgießen und das Kraut mit Aceto Balsamico und Rotweinessig würzen, mit Brühwürfeln und nach Bedarf etwas Zucker abschmecken. Die Zimtstange dazugeben.

Leise köcheln lassen, bis das Kraut gar ist, aber noch leichten Biß hat. Zum Schluß die Zimtstange herausnehmen.

Das Kraut als Beilage zu gebratenem Rehrücken, Ente oder Gans mit Knödeln servieren.

Tips

Was im Süden Deutschlands Blaukraut heißt, wird sonst Rotkohl genannt. Rot oder blau, das hängt nicht von der Kohlsorte ab, sondern von der Essigmenge, die zugegeben wird: Je mehr gesäuert wird, desto röter wird das Gemüse. Gänseschmalz erhält man nebenbei, wenn man einen Gänsebraten zubereitet: Das austretende Fett wird für das Blaukraut verwendet.

Gemüse und Beilagen

Montserrat Caballé:

Gefüllte Paprikaschoten

4 rote und 4 grüne Paprikaschoten

1–2 Tassen gekochter Reis

2 hartgekochte Eier

1 Zwiebel

2 EL gehackte Petersilie

Salz, Pfeffer

Olivenöl

Die Paprikaschoten waschen, halbieren und entkernen. Die Hälfte (also 2 rote und 2 grüne) in kleine Würfel schneiden. Den gekochten Reis mit gehackten Eiern, fein gewürfelter Zwiebel, Petersilie und den Paprikawürfelchen vermischen. Mit Salz und gemahlenem Pfeffer abschmecken.

Den Backofen auf 180°C vorheizen. In die Paprikaschotenhälften ein paar Tropfen Olivenöl geben und mit der Reismischung füllen. Eine Auflaufform mit etwas Olivenöl ausgießen, die Paprikaschoten hineinsetzen und im heißen Ofen etwa 40 Minuten backen.

»Die Prinzen«:

Kohlrouladen mit griechischer Füllung

etwa 8 große Blätter von einem Wirsing oder Weißkohl

Salz

1 1/2 Tassen Reis

1 EL Olivenöl

3 EL Pinienkerne

2 EL gehackte Petersilie

Knoblauch nach Belieben

evtl. frische Minzeblätter

Pfeffer

400 ml Geflügelfond oder Hühnerbrühe

Die großen Blätter vom Wirsing waschen, die dicken Stiele etwas flacher schneiden. Reichlich Salzwasser aufkochen und die Kohlblätter darin 4–5 Minuten überbrühen. Abgießen, mit kaltem Wasser abspülen und trocknen.

In einem Topf leicht gesalzenes Wasser aufkochen, den Reis

Gemüse und Beilagen

einstreuen und kochen. Nach 10–12 Minuten probieren, ob er schon gar ist – wenn nicht, noch einige Minuten kochen lassen. Ist er gerade knapp gar, in ein Sieb abschütten und abtropfen lassen.

In einer Pfanne Olivenöl erhitzen, die Pinienkerne darin anrösten, bis sie goldbraun sind. Mit der gehackten Petersilie und – nach Belieben – dem zerdrückten Knoblauch unter den Reis mischen, mit Salz und Pfeffer abschmecken, eventuell einige frische Minzeblätter fein gehackt dazugeben. Die Kohlblätter mit der Reismischung füllen, aufrollen und zubinden. Die Kohlrouladen in einen Topf legen, mit Geflügelfond oder Hühnerbrühe aufgießen und zugedeckt etwa 20 Minuten leise köcheln lassen.

Man könnte zum Beispiel ein griechisches Kartoffelpüree dazu servieren – mit Knoblauch und Olivenöl zubereitet.

»Die Prinzen«:

Kohlrouladen mit Champignonfüllung

4–8 große Blätter von einem Wirsing oder Weißkohl

250 g Champignons

5 Lauchzwiebeln

10 Scheiben Bacon (Frühstücksspeck)

Butter zum Braten

Salz, Pfeffer

2 EL gehackte Petersilie

Brühe zum Garen

Die großen Blätter vom Wirsing waschen, die dicken Stiele etwas flacher schneiden. Reichlich Salzwasser aufkochen und die Kohlblätter darin 4–5 Minuten überbrühen. Abgießen, mit kaltem Wasser abspülen und trocknen.

Die Champignons (möglichst nur mit Küchenkrepp) säubern, putzen und in Scheiben schneiden. Die Lauchzwiebeln putzen, waschen, den weißen Teil in feine Scheiben schneiden. Den Bacon in kleine Würfel schneiden. In einer Pfanne erhitzen, bis das Fett ausbrät.

Die Lauchzwiebelringe dazugeben und kurz andünsten. Die Champignonscheiben mit etwas Butter zu den anderen Zutaten in die Pfanne geben. Unter Rühren bei starker Hitze 6–8 Minuten braten, mit Pfeffer würzen und leicht salzen (vorsichtig – der Speck ist schon salzig!). Die gehackte Petersilie untermischen, die Masse in die Kohlblätter einwickeln, mit Küchengarn verschnüren und in wenig Brühe etwa 20 Minuten garen.

Mit dem Schmorsud als Sauce servieren, dazu passen Salzkartoffeln oder Kartoffelpüree.

Gemüse und Beilagen

»Die Prinzen«:

Kohlrouladen mit Hackfleischfüllung

4–8 große Blätter von einem Wirsing oder Weißkohl

1 große Zwiebel

Butter zum Braten

250 g Hackfleisch vom Rind

1 Ei

Salz, Pfeffer

1 Prise Thymian (oder Kräuter-Würzmischung)

4–5 Scheiben Bacon (Frühstücksspeck)

2 Tassen Brühe oder Kalbsfond aus dem Glas

1 Becher Sahne

Die großen Blätter vom Wirsing waschen, die dicken Stiele etwas flacher schneiden. Reichlich Salzwasser aufkochen und die Kohlblätter darin 4–5 Minuten überbrühen. Abgießen, mit kaltem Wasser abspülen und trocknen.

Die Zwiebel pellen und fein hacken. In einer Pfanne etwas Butter erhitzen und darin die Zwiebelwürfel anbraten, bis sie glasig sind.

Das Hackfleisch in einer Schüssel mit dem Ei, Salz und Pfeffer, einer Prise Thymian und den geschmorten Zwiebeln vermischen. Ein bis zwei Kohlblätter aufeinanderlegen, von der Hackfleischmischung daraufgeben und zu einer Roulade aufrollen, mit Küchengarn zusammenbinden.

In einem großen flachen Topf die Speckscheiben anbraten, bis das Fett ausbrät, ein gutes Stück Butter zugeben und erhitzen. Die Rouladen darin kräftig anbraten, bis sie rundum leicht gebräunt sind.

Die Brühe aufgießen, den Deckel fest auflegen und etwa 45 Minuten bei schwacher Hitze leise köcheln lassen.

Nach der Garzeit die Rouladen herausnehmen, die Sahne zu der Schmorflüssigkeit rühren und 15–20 Minuten offen einkochen lassen, bis die Sache schön gebunden ist.

Die Sauce mit Salz und Pfeffer abschmecken, die Rouladen nochmals darin erhitzen und servieren.

Tip

Wer mag, kann auch nur die Hälfte der Zwiebelwürfel anbraten und den Rest roh zum Hackfleisch geben.

»Die Prinzen«:

Kohlrouladen mit Thüringer-Bratwurst-Füllung

4–8 große Blätter von einem Wirsing oder Weißkohl

Salz

1 Thüringer Bratwurst (oder 2 lange, gut gewürzte Bratwürste)

Butter zum Braten

Currypulver

Salsa-Sauce aus der Flasche

Die großen Blätter vom Wirsing waschen, die dicken Stiele etwas flacher schneiden. Reichlich Salzwasser aufkochen und die Kohlblätter darin 4–5 Minuten überbrühen. Abgießen, mit kaltem Wasser abspülen und trocknen.

Gemüse und Beilagen

Thüringer Rostbratwürste sind besonders lange Bratwürste aus Schweine- und Kalbfleisch, mit Pfeffer und Kümmel gewürzt, die bei jedem Fest auf Holzkohle, oft mit Tannenzapfen beheizt, gegrillt werden. Diesen unnachahmlichen Geschmack kann man natürlich nicht erreichen, wenn man die Wurst nur in Butter rundum brät. Die gebratene Wurst aus der Pfanne nehmen und in Stücke schneiden. 4–5 Wurststücke auf jede Portion Kohlblätter legen, mit Currypulver bestreuen und mit der Salsa-Sauce übergießen.

Die Kohlblätter aufrollen und mit Küchengarn oder Zahnstochern zusammenhalten. In Butter bei mäßiger Hitze auf allen Seiten braten, bis die Kohlrouladen leicht gebräunt und gar sind.

Nudeln, Pasta und Reis

Inzwischen dürfte ja bekannt sein, daß Pasta und Risotto zu meinen Lieblingsgerichten zählen. Natürlich stammen viele Rezepte, die wir gemeinsam gekocht haben, aus Italien. Nirgendwo sonst findet man eine solche Fülle an Pastagerichten wie dort, von ganz schnell und einfach bis zu aufwendig und opulent.
Doch Nudel- und Reisgerichte findet man nicht nur in Italien. Schließlich behaupten ja einige, der Venezianer Marco Polo habe das Geheimnis der Pastaherstellung erst im 13. Jahrhundert aus China in seine Heimat mitgebracht.
So gibt es in der Türkei, in Mittelanatolien, winzige Teigtäschchen, Mantı genannt, die sehr an italienische Ravioli erinnern. Allerdings sollten die Mantı so klein sein, daß mindestens 30 davon in eine Suppenkelle passen. So viel Geduld zum Formen fehlt uns leider meistens.
Nicht zu vergessen, daß auch wir unsere Nudelspezialitäten haben – in Schwaben sind Spätzle mindestens ebenso begehrt wie Spaghetti in Italien.

Tobias Moretti:

Pappardelle alla Crudella

400 g Pappardelle oder andere Bandnudeln

350 g reife Kirsch- oder Strauchtomaten

schwarze Oliven

Knoblauch

frische Kräuter (z.B. Rucola, Basilikum oder was es sonst gerade gibt)

200 g Ricotta (italienischer Frischkäse)

75 g frisch geriebener Parmesan

Salz, schwarzer Pfeffer

Die kalte Sauce ist so schnell fertig, daß Sie schon gleich das Wasser für die Nudeln aufsetzen können. Die Tomaten halbieren, die Kerne ausdrücken und das Fruchtfleisch (mit Haut) in kleine Stücke schneiden. Die Oliven entkernen und in kleine Stücke schneiden. Knoblauch pellen und klein hacken. Kräuter ohne harte Stengel fein schneiden. Die Ricotta in eine große Schüssel geben und mit einer Gabel zerdrücken, mit Tomaten, Knoblauch, Oliven, Kräutern und Parmesan vermischen.

Die Pappardelle in dem kochenden Wasser mit Salz »al dente« kochen, abgießen, aber nicht abschrecken und nicht zu gründlich abtropfen lassen, es kann ruhig noch ein wenig Wasser daran haften.

Die heißen Nudeln rasch mit der Ricottasauce vermischen, Pfeffer darüber mahlen und gleich servieren.

Tips

Pappardelle sind etwa zweifingerbreite Bandnudeln mit glatten oder mit gewellten Rändern. Ricotta ist ein quarkähnlicher, vollfetter Frischkäse, der in fast allen Regionen Italiens hergestellt wird. Er kann aus Kuh- oder aus Schafmilch gewonnen sein, je nach Milchsorte ist sein Geschmack mild bis leicht pikant.

Evelyn Hamann:

Morchelsauce zu Spaghetti

30 g getrocknete Spitzmorcheln

2–3 Schalotten

etwa 400 ml Geflügelfond oder Hühnerbrühe

400 g Spaghetti

120 g Butter

2 cl trockener Sherry (fino)

Salz

Die getrockneten Morcheln mit etwa der fünffachen Menge lauwarmem Wasser (knapp 200 ml) übergießen und 15 Minuten aufquellen lassen. Die Schalotten pellen und fein würfeln. Geflügelfond oder Hühnerbrühe erhitzen und heiß neben dem Herd bereitstellen.

Die Morcheln unter fließendem Wasser gut abspülen, das Einweichwasser durch einen Kaffeefilter gießen und auffangen, es läßt sich später für andere Saucen verwenden. Dann die Morcheln halbieren.

Reichlich Salzwasser für die Nudeln aufsetzen. Wenn es

Nudeln, Pasta, Reis

kocht, die Spaghetti darin bißfest kochen.

Inzwischen in einer Pfanne die Hälfte der Butter erhitzen, die Schalotten darin andünsten und herausnehmen. Die Morcheln in der verbliebenen Butter 2–3 Minuten andünsten, aus der Pfanne heben und warmstellen (im Backofen bei 75°C). Geflügelfond und Sherry in die Pfanne gießen und auf die Hälfte der Menge einkochen. Die restliche Butter zugeben und die Schalotten und Morcheln darin schwenken. Mit Salz abschmecken. Die fertige Sauce über die gekochten Spaghetti geben.

Alice und Ellen Kessler:

Nudeln alla keka

400 g Spaghetti, Salz

1 kg Tomaten (möglichst reife italienische Eiertomaten)

gutes Olivenöl

1 Knoblauchzehe

1 getrockneter Peperoncino (Chilischote)

schwarzer Pfeffer

einige Blätter Basilikum

Für die Spaghetti reichlich Salzwasser aufsetzen. Bis es kocht, die Tomaten kurz überbrühen und die Haut abziehen, nach Belieben auch entkernen, dann kleinschneiden und in einer Schüssel mit nicht zu wenig Olivenöl vermischen. Eine Knoblauchzehe dazupressen und mit zerbröseltem Peperoncino (Vorsicht: scharf!), Pfeffer und Salz abschmecken.

Die Basilikumblätter mit einer Schere direkt in die Schüssel schneiden.

Die Spaghetti bißfest kochen, abgießen und in die Schüssel geben, mit der kalten Sauce vermischen und servieren.

Die Sauce kann auch auf gerösteten Brot serviert werden und paßt ebenso zu Mozzarella oder Fischfilet.

Alice und Ellen Kessler:

Nudeln mit Steinpilzsauce

1 Beutel getrocknete Steinpilze

2 Zwiebeln

1 Knoblauchzehe (nach Belieben)

neutrales Pflanzenöl

wahlweise 1 Peperoncino (getrocknete Chilischote)

1 Schuß Weißwein

400 g breitere Fettuccine (Bandnudeln) oder Makkaroni

nach Bedarf etwas dunkler Saucenbinder

ein Schuß Sahne

Salz, Pfeffer aus der Mühle

gehackte Petersilie

frisch geriebener Parmesan

Getrocknete Steinpilz-Scheiben oder -stücke mit lauwarmem Wasser übergießen und etwa 1 Stunde einweichen.

Dann reichlich Wasser für die Nudeln aufsetzen. Die Zwiebeln pellen und sehr fein hacken, nach Geschmack auch etwas Knoblauch (besser gesagt: Knoblauch gehört eigentlich unbedingt hinein).

Die Pilze in ein Sieb gießen, aber die Einweichflüssigkeit auffangen und durch eine Kaffeefiltertüte seihen, damit kein Sand mehr darin ist. Wer geduldig ist, kann auch warten, bis sich der Sand von selbst am Boden des Gefäßes abgesetzt hat und schüttet dann die darüberstehende, klare Pilzbrühe vorsichtig ab.

In einer Pfanne ein wenig neutrales Öl erhitzen und die Zwiebeln (und den Knoblauch) darin goldbraun dünsten. Wer es pikanter mag, bröselt einen halben oder ganzen Peperoncino dazu – das intensiviert noch den Geschmack.

Die etwas kleiner geschnittenen Steinpilze untermischen, mit einem Schuß Weißwein und der klaren Pilzflüssigkeit ablöschen und etwa 5 Minuten offen köcheln lassen.

Die Fettuccine – möglichst breite Bandnudeln nehmen, weil an denen die Sauce besser hängenbleibt – im kochenden Wasser (Salz nicht vergessen) »al dente« kochen, abgießen und abtropfen lassen.

Die Sauce leicht salzen. Sollte sie zu dünn sein, mit etwas Saucenbinder andicken. Auch ein Schuß Sahne kann, muß aber nicht dazu. Alles aufkochen lassen.

Nochmals mit Salz und Pfeffer abschmecken und mit der gehackten Petersilie unter die gekochten Nudeln mischen, mit geriebenem Parmesan bestreut servieren.

--- *Tips* ---

Wem die Sauce zu knapp erscheint, rührt etwas dicken Fond (Gemüsefond aus dem Glas) unter. Ist - anstelle der Sahne - auch gut zum Kaloriensparen.

Nudeln, Pasta, Reis

Karl Dall:

Saunudeln

4 mittelgroße Zwiebeln

je 1 rote, grüne und gelbe Paprikaschote

4 Zucchini

250 g kleine Champignons

500 g Spiralnudeln

Salz

500 g Rinderhackfleisch

Pflanzenöl zum Braten

1 große Dose geschälte Tomaten

Knoblauch (Menge nach Geschmack – mehr ist besser)

1 Flasche Sweet-Chili-Sauce

100 g mittelalter Gouda

schwarzer Pfeffer

Die Zwiebeln pellen und in nicht zu kleine Stücke schneiden. Die Paprikaschoten waschen, entkernen und achteln. Die Zucchini waschen und in Scheiben schneiden. Die Champignons putzen und in Scheiben schneiden.

In einem großen Topf reichlich Wasser aufsetzen, salzen und die Nudeln bißfest kochen (die Garzeit sollte auf der Packung stehen, sonst nach 8 Minuten eine Nudel probieren). Das Hackfleisch mit Zwiebeln in Öl anbraten und dann mit dem Saft aus der Tomatendose aufgießen. In einer zweiten Pfanne in Öl die Paprikastücke schmoren. In einer dritten Pfanne die Zucchinischeiben mit Öl und durchgepreßtem Knoblauch schmoren. Die Champignons leicht salzen und pfeffern, roh mit etwas Öl vermischen.

In die Auflaufform (oder das Backblech) gibt man die Nudeln, vermischt sie mit der Hackfleischsauce und garniert alles mit den vorbereiteten Gemüsen (Zucchini, Paprika, den Tomaten aus der Dose, Champignons). Nach Geschmack mit der Chilisauce übergießen. Die Form in den auf 200°C vorgeheizten Ofen schieben und etwa 5 Minuten backen. Dann rausnehmen, mit dem grob geraspelten Käse bestreuen und noch 30–40 Minuten überbacken.

Tip für Vegetarier: Hackfleisch weglassen, mehr Pilze nehmen.

Nudeln, Pasta, Reis

Franca Magnani:

Gnocchi alla Franca

1 kg mehlig kochende Kartoffeln

1 Ei

1 Messerspitze Backpulver

150 bis 200 g Mehl

Salz

Die Kartoffeln in der Schale garen, pellen und zu einem glatten Brei zerstampfen oder durch die Kartoffelpresse drücken. Das Püree darf keine Stückchen mehr enthalten.

Ein großes Brett ganz dick mit Mehl bestreuen, darauf den Kartoffelbrei setzen. Einen Krater in der Mitte eindrücken und das Ei mit Backpulver hineingeben. Den Kartoffelteig mit kräftig gemehlten Händen vorsichtig durchkneten.

Der Trick dabei: Hände und Brett immer wieder mehlen, daß nur so viel Mehl unter den Teig gemischt wird, bis er gerade nicht mehr klebt.

Dann zerteilen und zu etwa 2 cm dicken Rollen formen. Die Rollen in kleine, etwa 3 cm lange Stücke schneiden und wieder in Mehl wenden. Je weniger Mehl man insgesamt für den Teig verwendet, desto lockerer und feiner werden nachher die Gnocchi.

Wer will, drückt mit einer Gabel noch ein Muster in die Oberfläche der kissenähnlichen Teigstücke, das macht beim Essen die Gnocchi noch saucenaufnahmewilliger. Italienische Hausfrauen lassen aus dem gleichen Grund die Gnocchi auch leicht über ein Reibeisen rollen.

In einem großen Topf reichlich Salzwasser aufkochen. Wenn es ganz wild kocht (Franca: »vivace«), dann jeweils nur so viele Gnocchi hineinwerfen, daß das Wasser nicht aufhört zu kochen.

Die Gnocchi sinken auf den Boden (auch deshalb dürfen nicht zu viele auf einmal in den Topf) und sind fertig, wenn sie nach oben steigen. Das dauert höchstens 2 Minuten. Herausheben und in einem Sieb abtropfen lassen.

Die Gnocchi können – wie Pasta – mit den verschiedensten Saucen gegessen werden. Franca schmecken sie am besten mit Butter und Salbei oder mit der kurzgekochten Tomatensauce.

Franca Magnani:

Schnelle Tomatensauce

ca. 750 g vollreife Tomaten

2-3 EL Olivenöl

1 große Knoblauchzehe

Salz, Pfeffer

1 Bund Basilikum oder frischer Oregano oder Liebstöckel

frisch geriebener Parmesan, Menge nach Geschmack

Tomaten überbrühen, häuten und halbieren, die Hälften fest ausdrücken (so werden Kerne und Flüssigkeit entfernt) und das Fruchtfleisch hacken. Öl im Topf erhitzen. Die unzerteilte Knoblauchzehe darin dünsten, bis sie »blond« ist. Gehackte Tomaten zugeben und gerade 5 Minuten dünsten. Dann mit Salz und Pfeffer abschmecken und ganz zum Schluß vorm Servieren mit fein geschnittenen Basilikumblättern oder frischem Liebstöckel garnieren. Auf Gnocchi oder bißfest gekochten Nudeln mit Parmesan nach Geschmack servieren.

Nudeln, Pasta, Reis

Franca Magnani:

Gnocchi al burro con salvia (mit Butter und Salbei)

1 Zweig frischer Salbei (notfalls 1 TL getrocknete Salbeiblätter)

100 g Butter

frisch geriebener Parmesan

Salz, schwarzer Pfeffer

Für diese ganz schnelle Sauce die vorbereiteten Gnocchi oder die Spaghetti ins kochende Wasser werfen. Während sie kochen, die Salbeiblätter nur etwas mit den Fingern oder einem Küchenkrepp abreiben, nicht waschen. Die Butter in einem Pfännchen sachte erhitzen und die Salbeiblätter darin kurz aufbrutzeln lassen.

Die fertigen Spaghetti oder Gnocchi in einem Topf oder einer Schüssel mit der Salbeibutter übergießen und gut vermischen.

Die Pasta mit reichlich frisch geriebenem Parmesan, Salz und Pfeffer (natürlich aus der Mühle) servieren.

Nudeln, Pasta, Reis

Joschka Fischer:

Spätzle

400 g Mehl

3 Eier

1 TL Salz

1 EL neutrales Pflanzenöl

50 g Butter

Muskatnuß, frisch gerieben

Pfeffer, frisch gemahlen

Das Mehl mit 6 EL Wasser, den Eiern, Salz und Öl in einer Schüssel mit dem Knethaken eines elektrischen Rührgerätes verquirlen, bis der Teig glatt ist und Blasen wirft. Falls nötig, noch etwas Wasser zugeben.

In einem großen, breiten Topf reichlich Wasser aufkochen. 2–3 EL Teig auf ein angefeuchtetes Holzbrett streichen und mit einem großen Messer oder einer Palette feine Streifen (Spätzle) in das siedende Wasser schaben, Messer oder Palette immer anfeuchten, damit der Teig nicht kleben bleibt. Wenn die Spätzle oben schwimmen, mit einem Schaumlöffel in ein Abtropfsieb heben, kalt überbrausen und gut abtropfen lassen.

In einer Pfanne die Butter zerlassen, die Spätzle darin warmschwenken und, wenn man mag, mit Muskatnuß und Pfeffer würzen.

Bei den Schwaben denkt man gleich an die handgeschabten Spätzle, die zum guten Essen dazugehören. Das Spätzleschaben ist ein künstlerischer Akt: Je nach Temperament entstehen dabei lange, kurze, dicke oder dünne, manchmal auch plumpe – wohlschmeckend sind sie aber immer.

Nudeln, Pasta, Reis

Renan Demirkan:

Türkische Nudeltaschen (Mantı)

400 g Mehl

1 Ei

Salz

1 Zwiebel

300 g Rinderhack

schwarzer Pfeffer

2–3 EL fein gehackte Petersilie

Paprikapulver rosenscharf

3 Becher Joghurt (möglichst türkischer, griechischer oder selbstgemachter)

reichlich Knoblauch

75 g Butter

Chilipulver

einige Blätter getrocknete Minze

Aus dem Mehl, einem Ei, Salz und etwas Wasser einen elastischen Teig kneten, 1 Stunde ruhen lassen.

Dann die Zwiebel schälen und ganz fein hacken, in einer Schüssel mit dem Rinderhack, Salz, Pfeffer, gehackter Petersilie und scharfem Paprikapulver vermischen.

Den Nudelteig nochmals gut kneten und auf der leicht bemehlten Arbeitsfläche 3–4 mm dick ausrollen. Den Teig in 2 x 2 cm große Quadrate schneiden. Aus der Hackfleischmischung erbsen- bis bohnengroße Kügelchen drehen und je eines auf eine Teigscheibe setzen. Zu kleinen Tüten formen und zum Verschließen die vier Enden fest zusammendrehen. Die fertigen Mantı locker auf ein Küchentuch legen, damit sie nicht ankleben.

In einem großen Topf Salzwasser aufkochen und die Nudeltaschen 5–10 Minuten garen.

Inzwischen Joghurt in einer Schüssel mit Salz verrühren und ordentlich Knoblauch dazupressen.

In einem Pfännchen ein gutes Stück Butter schmelzen und mit Paprika- und Chilipulver verrühren, so daß die Butter rotgefärbt ist.

Die garen Nudeltaschen mit einem gelochten Schöpflöffel herausheben, dabei etwas abtropfen lassen. Die Mantı heiß auf Tellern anrichten, den Joghurt dazugeben und mit der roten Paprikabutter beträufeln. Zum Schluß einige getrocknete Minze-Blätter darüberkrümeln.

Tips

Die türkischen Nudeltaschen werden ohne i-Punkt geschrieben (spricht sich als stimmloses »e«).
Für die Füllung wird auch eine Mischung aus Lamm- und Rinderhack genommen oder reines Lammhack. Mantı lassen sich auf Vorrat zubereiten und tiefkühlen.

Nudeln, Pasta, Reis

Petra Schürmann:

Spaghetti mit Algen und Garnelen

400 g Spaghetti

Salz

1 EL Öl

400 g geschälte, in Knoblauchöl eingelegte Garnelen (gibt es fertig zu kaufen)

100 g Passepierre-Algen (aus dem Fischfachgeschäft, sehen ähnlich wie dicker Schachtelhalm aus)

3-4 EL Zitronensaft

frisch gemahlener weißer Pfeffer

evtl. noch 1-2 Knoblauchzehen

Das ist ein Schnellgericht, das in 20 Minuten auf dem Tisch stehen kann. Als erstes eine Servierschüssel zum Vorwärmen mit heißem Wasser füllen und bis zum Servieren in den auf 75°C vorgewärmten Backofen stellen.

In einem großen Topf etwa 4 Liter Wasser mit 2-3 TL Salz und 1 EL Öl aufsetzen. Die Spaghetti ins sprudelnd kochende Wasser geben und unter gelegentlichem Umrühren »al dente« garen (sie müssen noch Biß haben).

Inzwischen das Öl von den Garnelen in eine Pfanne gießen und sehr heiß werden lassen. Die Passepierre-Algen trockentupfen und in dem Knoblauchöl ganz kurz schwenken – es genügt, sie zwei-, dreimal umzuwenden –, die Pfanne sofort vom Herd nehmen und die Garnelen unterrühren. Mit Zitronensaft beträufeln und mit Salz (sparsam, die Algen sind vom Meerwasser schon salzig) und frisch gemahlenem Pfeffer würzen. Wem es nicht »knofelig« genug ist, der drückt noch ein oder zwei Knoblauchzehen durch die Presse dazu.

Die Spaghetti in ein großes Sieb gießen und gut abtropfen lassen. Die Servierschüssel leeren und abtrocknen. Die Spaghetti mit den Passepierre-Algen darin vermischen. Die Garnelen auf den Spaghetti anrichten und sofort servieren.

Tips

Wenn's keine eingelegten Garnelen gibt: einfach gutes Olivenöl mit reichlich durchgepreßtem Knoblauch vermischen, geschälte Garnelen einlegen und im Kühlschrank 1 bis 2 Tage marinieren.

Statt der Algen könnte man auch eingelegte Knoblauchsprossen aus dem Glas dafür nehmen.

Nudeln, Pasta, Reis

Dr. Heiner Geißler:

Pilz-Nudel-Pfanne

Für 2 Personen:

125 g Pfifferlinge

1 Stange Lauch (Porree)

Salz

250 g helle Bandnudeln

30 g Butter oder Öl

schwarzer Pfeffer aus der Mühle

1–2 Knoblauchzehen

1–2 EL Zitronensaft

gehackte Petersilie

Die Pfifferlinge putzen, möglichst nicht waschen, sondern mit einer weichen Bürste oder einem Pinsel säubern. Nur größere Pilze zerschneiden, die kleinen ganz lassen.

Den Lauch putzen und in kleine Stücke schneiden. In sprudelnd kochendem Salzwasser 1 Minute blanchieren (dafür am besten den Lauch in einem Sieb ins kochende Wasser halten, dann sofort in einer Schüssel mit Eiswasser abkühlen), abtropfen lassen.

Die Bandnudeln in reichlich kochendem Salzwasser nach Packungsangabe sehr bißfest garen (sie werden später noch einmal erhitzt), abgießen, mit kaltem Wasser überbrausen, damit sie nicht nachgaren. Gut abtropfen lassen.

In einer breiten Pfanne die Butter erhitzen ohne zu bräunen, die Pfifferlinge hineingeben – sie sollen genug Platz haben, damit sie nicht übereinander liegen. Gleich etwas salzen, damit sie Wasser ziehen. Jetzt die Hitze hoch schalten, weil die Flüssigkeit verdampfen soll. So lange (ohne Deckel natürlich) braten, bis die Pilze fast trocken sind. Mit Salz, Pfeffer, durchgepreßtem Knoblauch und einem kräftigen Spritzer Zitronensaft abschmecken.

Die Pfifferlinge aus der Pfanne heben, die Nudeln in der Pfanne mit etwas frischer Butter durchschwenken. Den Lauch und die Pilze untermischen und kurz vor sich hin garen lassen, es dauert nicht lange, bis alles heiß und fertig ist. Zuletzt noch etwas frisch gehackte Petersilie darüber streuen und servieren.

Dazu paßt ein trockener Pfälzer Weißwein, zum Beispiel ein Weißburgunder.

Tips

Pfifferlinge haben bei uns von Juni bis August Saison. Möglichst nicht waschen, sie saugen sich ganz schnell mit Wasser voll; wenn es doch sein muß, dann auf einem Küchentuch auslegen und wieder trocknen lassen.

Hardy Krüger jr.:

Pappardelle mit Entenbrust

Für 2 Personen:

1 Entenbrustfilet mit Haut

gutes Olivenöl

3 Möhren

1 Stange Staudensellerie

1 Zucchino

Salz

250 g frische Pappardelle (breite Nudelbänder)

15 schwarze Oliven

1 kleine Zwiebel

1 EL Butter

40 ml trockener Rotwein

schwarzer Pfeffer

evtl. Instant-Fleischbrühe

2 EL gehackte glatte Petersilie

Den Backofen auf 225°C vorheizen. Die Entenbrust salzen und pfeffern. In eine ofenfeste Pfanne ganz wenig Olivenöl gießen, das Entenfilet mit der Hautseite nach unten hineinlegen und in den Backofen schieben. Die Temperatur auf 180°C reduzieren.

Nach einigen Minuten – wenn das Fett ausgebraten ist – die Entenbrust umdrehen und insgesamt etwa 15 Minuten braten, zwischendurch nochmals wenden (das Fleisch soll rosa bleiben). Entenbrust aus dem Ofen nehmen und zur Seite stellen, abkühlen lassen.

In einem Topf Salzwasser zum Blanchieren aufsetzen. Möhren, Staudensellerie und den Zucchino putzen, alles in kleine Würfel schneiden. Im kochenden Wasser ca. 1 Minute überbrühen, dann in ein Sieb gießen, kalt überbrausen und abtropfen lassen. Die abgekühlte Entenbrust in feine Scheiben schneiden.

Die Pappardelle in reichlich Salzwasser »al dente« kochen, abgießen, abtropfen lassen und beiseite stellen.

Die schwarzen Oliven entsteinen (mit einem Obstentkerner oder das Fruchtfleisch vom Kern schneiden).

Die Zwiebel schälen, fein würfeln. In einer Pfanne Butter zerlassen und die Zwiebelwürfel hell andünsten, dann das blanchierte Gemüse, die Oliven und Entenbruststreifen anbraten. Mit dem Rotwein aufgießen, die Flüssigkeit unter Rühren verdampfen lassen und die Sauce mit Salz und Pfeffer abschmecken, eventuell etwas Fleischbrühe dazugeben.

Die Nudeln mit dem Gemüse und der Sauce in der Pfanne vermischen, durchschwenken und alles mit gehackter Petersilie bestreut servieren.

Dazu paßt ein junger, italienischer Rotwein.

Nudeln, Pasta, Reis

Roberto Blanco:

Grüne Nudeln à la Roberto

1 Packung Tiefkühl-Erbsen (300 g)

Olivenöl, Salz, Pfeffer

2 Becher Sahne

500 g grüne Nudeln (Spinatnudeln)

Knoblauchsalz, Flüssigwürze

250 g gekochter Schinken in Scheiben

200 g Parmesan am Stück

Die Erbsen etwas antauen lassen. In einem großen Topf reichlich Wasser für die Nudeln aufsetzen.

In der Zwischenzeit etwas Öl in einer Pfanne erhitzen, einen Schuß von der Sahne dazugeben, verrühren und heiß werden lassen. Die leicht angetauten Erbsen hineingeben, wieder etwas Sahne zugießen und warm werden lassen.

Die Nudeln in dem kochenden Wasser mit Salz je nach Nudelsorte in 4–8 Minuten sehr bißfest garen, abschütten. Die Erbsensahne mit Pfeffer, Salz, Knoblauchsalz und Würze abschmecken und einköcheln lassen. Den Schinken in 2 mm breite Streifen schneiden, in die Pfanne geben und bei kleiner Hitze so lange ziehen lassen, bis die Sahne cremig ist.

Nudeln in eine große Pfanne schütten und die Sauce unterrühren. Alles zusammen noch 10 Minuten einkochen lassen. Portionsweise auf die Teller geben. Den Parmesan frisch reiben und über die Nudeln streuen.

Nudeln, Pasta, Reis

Nkechi Madubuko:

Riesengarnelen mit Gemüse auf Basmati-Reis

400 g Riesengarnelen (möglichst King Prawns)

250 g Brokkoli

4 große Möhren

2 Knoblauchzehen

1 Zwiebel

1 grüne Paprikaschote

250 g Basmati-Reis

Salz

2 EL Butter

3 EL Sesamöl

Sojasauce, Pfeffer

Die Garnelen mit einer Schere am Rücken aufschneiden, Panzer auseinanderziehen und das Schwanzfleisch herausheben, am Rücken mit einem kleinen Messer aufschneiden, den dunkleren Darm mit der Messerspitze entfernen, Garnelenfleisch kurz kalt abspülen, mit Küchenkrepp trocknen.

Salzwasser aufsetzen. Den Brokkoli und die Möhren putzen, in Stücke schneiden und in dem kochenden Wasser in etwa 5 Minuten bißfest garen. Den Knoblauch schälen und fein hacken. Die Zwiebel pellen und in kleine Würfel schneiden. Die Paprikaschote waschen, längs aufschneiden, Strunk, Kerne und Trennwände entfernen, die Schote in Streifen schneiden. Brokkoli- und Möhrenstücke abschrecken, abtropfen lassen.

Den Basmati-Reis in einem Sieb abspülen. Knapp 4 Tassen Wasser aufkochen, den Reis einstreuen, salzen und die Butter zugeben, einmal umrühren. Sobald das Wasser wieder zu kochen beginnt, sofort die Hitze zurückschalten (der Reis kocht schnell über), den Deckel auflegen und bei kleiner Hitze 15 Minuten garen.

Inzwischen in einer Pfanne (oder im Wok) das Sesamöl erhitzen und den Knoblauch andünsten. Die Garnelen zugeben und unter Wenden ganz kurz garen. Dann herausheben und zur Seite stellen.

Die Zwiebel und Paprikastreifen in der Pfanne rasch anbraten, die vorgekochten Möhren und Brokkoli dazurühren und erhitzen. Zum Schluß die Garnelen untermischen. Mit Sojasauce, Pfeffer und etwas Salz abschmecken.

Nach der Garzeit vom Reis den Deckel abnehmen, den Basmati mit einer Gabel auflockern und dabei ausdampfen lassen. Als Beilage zu den Garnelen servieren.

Tips

Ungeschälte Garnelen schmecken würziger als die bereits ausgelösten. Tiefgekühlte auftauen lassen, bis sich die Panzer leicht ablösen lassen.

Nudeln, Pasta, Reis

Dr. Michael Vesper:

Persischer Entenreis

1 Ente (circa 1,6 kg), möglichst eine Flugente

150 g Zwiebeln

4 Knoblauchzehen

30 g Haselnüsse

20 g frische Chilischote (Peperoni)

100 g ungeschwefelte getrocknete Aprikosen

1 Bund Zitronenmelisse

125 g Wildreis

Salz

1 Handvoll gegarte, geschälte Maronen (Eßkastanien)

30 g Rosinen

150 g ungeschälter Natur-Reis

Entenfond

Die Ente in 6 Teile zerlegen, Zwiebeln und Knoblauch fein hacken. Die Haselnüsse vierteln und in einer Pfanne ohne Fett unter Rühren anrösten.

Die Chilischote (Peperoni) halbieren, unter fließendem Wasser entkernen. Putzen und in dünne Streifen schneiden. Die Aprikosen fein würfeln. Zitronenmelisse waschen, trocknen und die Blätter von den Stielen zupfen. Den Wildreis in Salzwasser 10 Minuten kochen, dann abgießen und abgetropft zur Seite stellen.

Einen großen Bräter oder eine ofenfeste Pfanne (zu der es auch einen Deckel gibt) erhitzen, die Ententeile mit der Fettseite nach unten hineinlegen und langsam anbraten, bis genügend Fett ausgetreten ist und das Fleisch bräunt. Dann auch auf den übrigen Seiten anbraten und salzen. Sind die Ententeile gut gebräunt, aus der Pfanne heben und auf Küchenkrepp abtropfen lassen.

Den Backofen auf 175°C vorheizen. Die Zwiebeln, Knoblauch, Aprikosen, die geschälten Maronen und die Rosinen in der Pfanne im verbliebenen Entenfett anbraten, dann den Wildreis und den Natur-Reis dazurühren, etwas andünsten. Mit 1/2 l Entenfond (wahlweise Wasser) aufgießen, mit Salz abschmecken und 2/3 der Chilistreifen untermischen.

Die Ententeile mit der Hautseite nach oben auf den Reis legen, den Deckel auflegen und auf der 2. Einschubleiste im Ofen 1 1/2 Stunden garen.

Nach der Garzeit den Deckel abnehmen und eventuell noch etwas Wasser nachgießen. Die Temperatur auf 225°C hochschalten und den Entantopf weitere 5–10 Minuten garen.

Im Bräter, garniert mit den gerösteten Haselnüssen, restlichen Chilistreifen und den Melisseblättern, servieren.

Tips

Dieses Gericht ist praktisch, wenn man Gäste erwartet: es gart im Ofen, während man sich Vorspeisen und Freunden widmen kann. Frische Flugenten sollte man zwischen September und Januar essen. Am besten schmeckt die knusprige Entenhaut, deshalb beim Anbraten gut bräunen.

Fische und Meeresfrüchte

Schade, daß guter Fisch so teuer geworden ist. Er ist so praktisch für die schnelle und die kreative Küche. So zeigen die Rezepte meiner Gäste eine große Vielfalt auf – von einer Terrine aus Räucherlachs über kalte Forellen in Rotweingelee bis zum Sommerfisch-Eintopf aus Neu-England. Den Lachspudding finde ich ebenso interessant wie die »Express-Version« des gefilten Fischs. Wobei ich mich wunderte, daß die schnelle Version einen ganzen Vormittag braucht. Aber für das Originalgericht werden Fischköpfe und Gräten so lange ausgekocht, bis der Sud geliert. Das dauert wirklich länger.

Auch die Meeresfrüchte sind sehr beliebt, besonders witzig fand ich den »Homard pour le pauvre«, das Langustenragout »für die Armen«. Den paradoxen Namen hat das Gericht bekommen, weil man es mit dem Topf auf den Tisch stellt, also nicht in feinem Geschirr serviert. Bei den Jakobsmuscheln auf Christstollen war ich ja zunächst sehr skeptisch – aber trotz der extravaganten Zusammenstellung schmeckt es wirklich.

Fische und Meeresfrüchte

Björn Engholm:

Terrine von Räucherlachs mit Krabben oder Shrimps

Für ca. 8 Personen:

400 g Räucherlachs

200 g Sahne

4 Eiweiße

150 g Crème fraîche

Salz, Pfeffer, Muskat

250 g Krabben oder Shrimps

Fett für die Terrine

Für die Sauce:

1/2 Glas scharfer Meerrettich

1/2 Becher Joghurt

2 EL Crème fraîche

Salz, Pfeffer

Den Räucherlachs in Stücke schneiden und mit Sahne und Eiweiß pürieren. Die Crème fraîche sanft unterziehen und die Masse mit Salz, Pfeffer und Muskat kräftig würzen. Vorsicht beim Salzen: Räucherfisch ist oft schon recht salzig!

Die Krabben oder Shrimps kurz abspülen und trockentupfen. Shrimps längs halbieren, eventuell den dunkleren Darm auf der Rückenseite entfernen.

Eine Terrine gut einfetten und die Hälfte der Lachsmasse einfüllen. Mit den Krabben oder halbierten Shrimps belegen. Den Rest der Lachsmasse auffüllen und die Oberfläche mit einem Löffel glattstreichen.

Den Backofen auf 190°C (Umluft auf 170°C) vorheizen. Die Terrine mit dem Deckel (oder einem Stück Alufolie) verschließen.

Einen Bräter oder ein tiefes Backblech mit heißem Wasser füllen, die Terrine hineinstellen und im heißen Ofen ca. 50 Minuten garen. Dann die Form aus dem Wasserbad nehmen und abkühlen lassen. Einige Stunden – am besten sogar über Nacht – in den Kühlschrank stellen.

Zum Servieren den Meerrettich mit Joghurt und Crème fraîche mit dem Schneebesen verrühren, mit Salz und Pfeffer abschmecken. Die Terrine unten leicht anwärmen (kurz in heißes Wasser stellen) und stürzen. Mit einem scharfen, immer wieder in kaltes Wasser getauchten Messer in Scheiben schneiden und mit der Sauce anrichten. Schön sieht dazu Feldsalat oder Lollo Rosso aus, mit etwas Aceto Balsamico und Olivenöl angemacht.

Weintip: trockener Grauburgunder aus Baden oder ein Weißburgunder.

Tips

Geht auch mit anderem frischen Fischfilet. In die Masse Streifen von leicht geräuchertem Aal (Haut abziehen, Fleischstränge von den Gräten ablösen), Krabben darum herum verteilen.

Fische und Meeresfrüchte

Blixa Bargeld:

Tintenfisch-Risotto

Für 4–6 Personen:

ca. 750 g Tintenfischtuben (ohne Tinte)

2 Knoblauchzehen

Saft von 1 Zitrone

Olivenöl

1 Zwiebel

1/4 l trockener Weißwein

1 Beutelchen Tintenfisch-Tinte (beim Fischfachgeschäft vorbestellen)

ca. 3/4 l Fischbrühe (Fischfond)

250 g Avorio-Reis (italienischer Rundkornreis)

etwas Butter

Salz und Pfeffer aus der Mühle

1 Bund Petersilie (glatte)

frisch geriebener Parmesan

Die Tintenfischtuben in Streifen schneiden und in durchgepreßtem Knoblauch, Zitronensaft und etwas Olivenöl gut 20 Minuten marinieren (man kann sie auch 2 Stunden oder über Nacht kühlgestellt darin liegen lassen).

Für den Risotto die Zwiebel pellen und fein hacken. In Olivenöl andünsten, die Tintenfischstücke zugeben und unter Rühren anbraten, mit Wein ablöschen und die Tinte unterrühren. Bei mäßiger Hitze etwa 20 Minuten leicht köcheln lassen, ab und zu ein wenig Fischbrühe angießen. Den Reis zugeben und unter ständigem Rühren garen, dabei immer wieder von der Fischbrühe zugießen, bis der Reis ausgequollen ist – das dauert gut 30 Minuten. Zuletzt ein Stückchen Butter untermischen und nochmals kräftig durchrühren. Mit Salz und Pfeffer würzen und die gehackte Petersilie zugeben. Zum Servieren noch frisch geriebenen Parmesan darüber streuen oder untermischen, bis der Risotto schön sämig gebunden ist.

Wird der Käse untergemischt, dann die Petersilie erst zum Schluß drüberstreuen, damit der schwarze Reis grün gesprenkelt ist.

Fische und Meeresfrüchte

Elke Koska und HA Schult:

Jakobsmuscheln auf Christstollen

12 Jakobsmuscheln mit dem roten Corail, frisch ausgelöst

Liebig's Fleischextrakt

2 Becher Crème double (dicke süße Sahne)

1 Glas Champagner

Salz, weißer Pfeffer

reichlich Zimtpulver

3–5 Safranfäden

125 g Butter

12 Scheiben Christstollen (notfalls Rosinenstollen oder Mandelstollen)

eßbare Blüten zum Garnieren (nicht vom Blumenladen, sondern vom Feinkostgeschäft oder aus dem Garten wie Gänseblümchen, echte Veilchen, Kapuzinerkresse, Heckenrosenblüten, Borretsch oder Malve)

Das Gericht klingt ausgesprochen ausgefallen, schmeckt aber köstlich (nicht nur an Weihnachten).

Die Jakobsmuscheln kurz waschen, mit Küchenkrepp gut trocknen. Bis zum Braten in den Kühlschrank stellen.

Für die Sauce in einem kleinen Topf eine Brühe aus Liebig's Fleischextrakt und etwas Wasser anrühren und ohne Deckel einkochen. Die Sahne zugießen und weiter einkochen.

Champagner zugeben und in 15 bis 20 Minuten zu einer cremigen Sauce einköcheln lassen. Mit Salz, Pfeffer, reichlich Zimtpulver und einigen Fäden Safran abschmecken, nach Belieben zum Schluß nochmals einen Schuß Champagner zugeben.

In einer Pfanne die Butter erhitzen (sie darf nicht zu heiß werden, sonst flockt das Eiweiß aus) und die Jakobsmuscheln mit dem Corail darin auf jeder Seite in 2–3 Minuten gar ziehen lassen, sie sollen nicht richtig braten, sondern nur »pochieren«, bei zu großer Hitze werden sie hart.

In der Zwischenzeit die Christstollenscheiben hübsch zuschneiden (zum Beispiel in Herzform), mit je einer Jakobsmuschel belegen und mit etwas Sauce überziehen. Mit eßbaren Blüten verziert gleich servieren.

Tips

Jakobsmuscheln sind teuer, deshalb beim Einkauf darauf achten, daß sie ganz weißes, festes Fleisch haben, es darf nicht faserig oder grau aussehen oder gar nach Fisch riechen.
Statt Fleischextrakt-Brühe könnte man auch einen schönen Geflügelfond (von einem Bresse-Huhn) kochen. Eßbare Blüten werden in Frankreich extra fürs Garnieren gezüchtet. Bei uns sind sie manchmal in guten Delikatessengeschäften zu finden.

Fische und Meeresfrüchte

Wencke Myhre:

Steinbeißer im Folienpäckchen

4 große Scheiben Steinbeißer (Seewolf – nicht mit dem Wolfsbarsch, dem »Loup de mer« verwechseln), je ca. 3 cm dick

2 Möhren

1 Bund Basilikum

1 Stange Lauch (Porree)

1 Zitrone

Butter

Salz, Pfeffer

Das Fleisch des Seewolfs ist besonders schmackhaft, daher gefragt und nicht billig. Er kommt im ganzen, aber ohne Kopf, als Filet oder in Scheiben in den Handel (auch als »Karbonadenfisch« bezeichnet). Am besten schmeckt er kurz gegart und mit einer leichten Sauce serviert.

Die Fischscheiben kurz kalt abwaschen und mit Küchenkrepp trockentupfen. Möhren schälen und in streichholzfeine Streifen (Julienne) schneiden.

Den Lauch längs aufschlitzen, unter fließendem Wasser gründlich waschen, bis die letzten Sandreste entfernt sind. Ebenfalls in sehr dünne Streifen schneiden. Das Basilikum grob hacken.

Den Backofen auf 220°C vorheizen. Aus starker Alufolie 4 entsprechend große Quadrate schneiden, mit etwas Butter bestreichen und die Fischscheiben darauf legen. Mit Salz und Pfeffer würzen und die Gemüsestreifen darüber verteilen. Basilikum darauf streuen und mit Zitronensaft beträufeln. Ein paar Butterflöckchen obenauf geben und die Folie gut verschließen.

Die Folienpakete auf ein Backblech legen und im heißen Ofen 20–25 Minuten garen.

Die Päckchen auf Tellern servieren, jeder öffnet seine Folie selbst. Dazu könnte man eine schnelle Sauce Hollandaise (zum Anrühren aus dem Päckchen) und Petersilienkartoffeln servieren.

Fische und Meeresfrüchte

Bernd Weikl:

Forelle in Rotweingelee

4 möglichst frisch geschlachtete Bachforellen

1 Zitrone, Salz, Pfeffer

Mehl zum Wenden

Butter zum Braten

ca. 50 g Mandelblättchen

1 Tasse trockener Rotwein

2 EL Maisstärke (Speisestärke)

4 EL fein gehackte Petersilie

Für diese einfache kalte Vorspeise wird der Fisch einmal nicht mit Weiß-, sondern mit Rotwein zubereitet. Die Forellen, sie sollen so etwa 25 cm lang sein, innen und außen kalt waschen, mit Küchenkrepp trocknen und mit Zitronensaft beträufeln, mit Salz und Pfeffer würzen. Auf einen flachen Teller eine Schicht Mehl streuen und die Forellen in dem Mehl wenden, überschüssiges abklopfen.

In einer schweren Pfanne ein gutes Stück Butter (etwa 3 EL) erhitzen und die Fische auf beiden Seiten in ca. 5 Minuten schön braun braten.

Inzwischen den Ofen auf 75°C vorheizen, eine hitzefeste Platte (am besten wäre eine passende, flache Gratinierform, in der das Gericht auch serviert wird) anwärmen.

Nebenbei in einer kleinen Pfanne die Mandeln in wenig Butter anbräunen, ab und zu rühren, damit sie gleichmäßig rösten. Wenn die Forellen gebraten sind, auf der Platte im Ofen warm stellen.

Den Bratfond der Fischbratpfanne (die Butter bleibt darin) mit dem Rotwein ablöschen – aufpassen, es spritzt – und auf ein Drittel der Menge einkochen lassen. Die Maisstärke mit 1 EL kaltem Wasser anrühren, in die Pfanne gießen und unter heftigem Rühren einmal aufkochen lassen, bis die Sauce angedickt ist. Mit Salz und Pfeffer nachwürzen.

Die Forellen aus dem Ofen nehmen, den Ofengrill anheizen. Das Rotweingelee über die Forellen verteilen. Die Forellen mit den Mandelblättchen bestreuen und ganz kurz (ca. 1 Minute) unter den Grill schieben, damit das Gelee noch etwas nachdickt.

So 3 oder 4 Stunden kalt stellen. Mit der gehackten Petersilie bestreut servieren.

Petra Schürmann:

Selbstgeräucherter Fisch

Fischfilets oder Koteletts (Karbonaden) von einem festkochenden Fisch (Lachs, Schellfisch, Heilbutt) – die Menge hängt von der Personenzahl ab, rechnen Sie mindestens 200 g Filet oder 250 g Koteletts pro Person

Räuchermehl (in Beuteln preiswert in Angler-Fachgeschäften erhältlich)

Für die Marinade:

frisch gepreßter Zitronensaft

klein geschnittener Dill

eine gute Prise Zucker

Salz

Für dieses schöne Sommergericht – es kann auch gut im Garten zubereitet werden – die Fischstücke kurz abspülen, trocknen und in einer Schüssel mit der Marinade übergießen. Etwa 1 Stunde stehen lassen.

Fische und Meeresfrüchte

Dann abtropfen lassen und mit Küchenkrepp trocknen.

Auf den Boden eines großen Topfs (zum Beispiel eines Stahlfischtopfs mit Einsatz) etwa fingerhoch Räuchermehl verteilen und einen gelochten Einsatz darüber stellen. Der Einsatz muß so hoch über dem Boden des Topfs stehen, daß der Fisch das Räuchermehl nachher nicht berührt. Die Fischfilets oder -koteletts auf den Einsatz legen.

Den Topf zudecken und auf die Herdplatte stellen. Zwischen 10 und 20 Minuten bei mäßiger Hitze räuchern lassen (es soll Rauch entstehen, aber das Räuchermehl darf dabei nicht anbrennen!).

Wenn die Fischstücke schön goldgelb und gar sind, herausnehmen und sofort servieren. Hübsch sieht dazu frische Brunnenkresse aus.

Fische und Meeresfrüchte

Christiane Herzog:

Lachspudding mit Krabbensoße

Für den Pudding:

750 g Lachsfilet

100 g Butter

3 Eier

200 g Semmelbrösel

1 kleine Zwiebel

Salz, Pfeffer, Muskat

1 Bund Dill

evtl. 1–2 EL Sahne

Butter und Brösel für die Form

Für die Krabbensauce:

3 EL Butter

4 EL Mehl

100 ml Fischfond (aus Fischabfällen selbst herstellen oder aus dem Glas)

500 ml Milch

ein Schuß Weißwein

Salz, Muskat, Zitronensaft

1 Bund Dill

250 g geschälte Nordsee-Krabben

Den Lachs durch den Fleischwolf drehen und kaltstellen. Die Eier trennen. Die Eiweiße zu Schnee schlagen und ebenfalls kaltstellen. Eine Puddingform (mit Deckel) ausfetten und mit Semmelbröseln ausstreuen. Die kleine Zwiebel sehr fein hacken. Ein Bund Dill für den Pudding und ein Bund für die Sauce kleinschneiden.

Für den Pudding die weiche Butter mit Eigelben schaumig rühren. Den durchgedrehten Lachs, 200 g Semmelbrösel, 1 EL gehackte Zwiebel und den Dill für den Pudding untermengen. Nun den Eischnee vorsichtig unterheben. Sollte die Masse zu fest sein, 1–2 EL ungeschlagene Sahne zugeben. Den Teig mit Salz, Pfeffer und Muskat würzen und in die Puddingform füllen, Deckel auflegen. Die Form in einen großen Topf stellen, bis etwa 2/3 der Formhöhe mit heißem Wasser füllen und den Pudding 1 Stunde in diesem Wasserbad leise sieden lassen.

Inzwischen die Sauce zubereiten: Die Butter in einem Topf schmelzen lassen, das Mehl einrühren und aufschäumen lassen. Mit etwas Fischfond ablöschen, die Milch und einen guten Schuß Weißwein aufgießen. Unter Rühren etwa eine Viertelstunde leise köcheln lassen, dann mit Salz, Muskat, dem zweiten Bund gehackten Dill und Zitronensaft abschmecken. Am Schluß die gesäuberten, gewaschenen Krabben zugeben und die Sauce bei kleinster Hitze sanft ziehen lassen.

Den fertigen Pudding aus dem Wasserbad nehmen und auf eine vorgewärmte Platte stürzen. Mit etwas Sauce übergießen. Die restliche Sauce extra dazu reichen.

Dazu harmoniert vorzüglich ein halbtrockener bis trockener Weißwein.

Tips

Dieser Pudding kann sowohl als warme Vorspeise als auch als Hauptgericht serviert werden und paßt zum Beispiel gut in die vorösterliche Fastenzeit.

Fische und Meeresfrüchte

Klausjürgen Wussow:

Thailändischer Fisch

Für 2 Personen:

1 frischer, ganzer Meeresfisch von 400–500 g, zum Beispiel Dorade (Goldbrasse) oder Barsch, aber kein Plattfisch

6 Knoblauchzehen

getrocknete Chilischoten oder Chilipulver

1 Bund Basilikum

schwarzer Pfeffer

Salz

100 g Butter

Den Fisch waschen und mit Küchenkrepp trocknen. 4 von den Knoblauchzehen halbieren oder vierteln (je nach Größe), die Chilischoten mahlen oder kleinhacken. Den Fisch mit Pfeffer, Salz und den gemahlenen Chilis einreiben. In regelmäßigen Abständen rundherum mit einem scharfen Messer etwa 1 cm lange und tiefe Kerben in den Fisch schneiden. Auf beiden Seiten den Fisch in den Kerben mit den Knoblauchzehen spicken.

Den Backofen auf 210°C (Umluft 190°C) vorheizen. Das Basilikum, die Chilischoten und die beiden restlichen Knoblauchzehen grob hacken.

Den Fisch von innen pfeffern und salzen und mit der Kräuter-Gewürz-Mischung und einigen Butterflocken füllen.

Den Fisch in eine Auflaufform legen und mit den restlichen Butterflocken belegen. Im heißen Ofen etwa 40 Minuten garen, davon die ersten 20 Minuten bedeckt und die restliche Zeit unbedeckt.

Dazu paßt Basmati- oder Naturreis und Salat.

Fische und Meeresfrüchte

Ingrid Biedenkopf:

Überbackener Karpfen sächsisch mit Apfelsauce

1 Karpfen, ca. 2 kg Lebendgewicht, möglichst schon vom Fischhändler filetiert (am besten wäre ein sächsischer Karpfen)

1 Bund Petersilie

4 Eier

etwas Butter

1 Brötchen (Semmel)

100 g Sahne

1 unbehandelte Zitrone

Salz, weißer Pfeffer

1 Msp. Streuwürze

Sojasauce (oder Flüssigwürze) nach Geschmack

Muskatnuß, frisch gerieben

evtl. 1 zerdrückte Knoblauchzehe

Cidre (Apfelwein)

40 g Semmelbrösel

etwas geriebener Parmesan

Für die Apfelsauce:

2 Zwiebeln

Butter

2 süße Äpfel

mittelscharfer (Bauzener) Senf

körniger Dijon-Senf

Cidre (Apfelwein) und Gemüsebrühe zum Aufgießen

Sahne nach Belieben

Den Karpfen, wenn es nicht schon der Fischhändler getan hat, filetieren. Die Petersilie waschen, trocknen und fein hacken. Die Eier verquirlen und in etwas Butter ein Rührei daraus braten. Die Semmel in der Sahne einweichen.

Von der Zitrone etwa 1/2 TL Schale abreiben, die Zitrone auspressen und den Saft bereitstellen. Den Backofen auf 200°C vorheizen.

Die dicken Karpfenfilets mit Salz und Zitronensaft marinieren. Die dünneren im Blitzhacker oder Mixer pürieren.

Die Semmel ausdrücken und zusammen mit dem Karpfenpüree, dem Rührei, der Petersilie, der Zitronenschale, weißem Pfeffer, Streuwürze, Sojasauce, etwas geriebener Muskatnuß und Knoblauch zu einer glatten Masse mixen.

In eine Auflaufform etwas Cidre gießen. Das marinierte Karpfenfilet in die Auflaufform legen und die Farce darübergeben. Die Semmelbrösel mit dem geriebenen Parmesan vermischen und auf der Farce verteilen. Den Karpfen etwa 50 Minuten im Ofen garen.

Inzwischen für die Apfelsauce die Zwiebeln schälen, hacken und in Butter anschmoren. Die Äpfel schälen, vierteln und das Kerngehäuse ausschneiden. Die Apfelviertel in kleine Stücke schneiden und zugeben. Den mittelscharfen Senf und den Dijonsenf unterrühren, das Ganze ein wenig durchschmoren lassen. Mit Apfelwein (Cidre) ablöschen und mit Gemüsebrühe auffüllen. Mit einem Stabmixer pürieren und nach Belieben etwas Sahne dazugeben. Die Sauce zum Karpfen servieren.

Fische und Meeresfrüchte

Christa Ludwig:

»Homard pour le pauvre« – Langustenragout

2–3 Langustenschwänze, roh (vom Fischhändler vorbereitet) oder tiefgekühlt

2–3 Knollen (!) Knoblauch mit großen Zehen

1/2 kg kleine Kartoffeln (z.B. »Bamberger Hörnle« oder französische »Rattes«)

gutes Olivenöl, Salz

Tiefkühl-Langusten langsam (mindestens über Nacht) im Kühlschrank auftauen lassen!

Die Knoblauchknollen in Zehen zerteilen, diese aber nicht pellen, sonst werden sie beim Braten zu rasch schwarz. Die Kartoffeln gründlich abbürsten und waschen – sie werden mit Schale gegessen.

Reichlich Olivenöl in einen großen, flachen Topf geben und erhitzen. Die Kartoffeln in dem Topf verteilen, sie sollen nebeneinander Platz haben. Unter Wenden 10–12 Minuten garen. Dann die Knoblauchzehen zugeben und weitere 6 Minuten schmoren.

Inzwischen von den Langusten mit einer Küchenschere die Füßchen und den Bauchpanzer entfernen, dann mit einem schweren Messer in große Stücke zerteilen (dabei durch etwa jedes zweite Panzerglied schneiden). Die Langustenstücke zu den Kartoffeln und dem Knoblauch in den Topf geben und 6–7 Minuten garen lassen, dann salzen.

Im Topf servieren. Jeder nimmt sich Langustenstücke, Kartoffeln und Knoblauch und träufelt von dem würzigen Öl darüber. Die Knoblauchzehen auf dem Teller einfach mit einer Gabel anstechen und das weiche Mus mit einem Messer aus der Haut drücken.

Dazu paßt ein trockener Roséwein (zum Beispiel ein Côtes de Provence) oder ein Riesling (aus dem Elsaß).

Fische und Meeresfrüchte

Dr. Salcia Landmann:

Gefilter Fisch (»Express-Variante«)

2 kg Fischfilet (z.B. Rotbarsch, Kabeljau)

3 große Zwiebeln

250 g Semmelbrösel oder 1 Paket Mazze oder 1 Paket Zwieback

3 Eier

Salz, Pfeffer

1 TL Zucker

Für die Sauce:

3 große Zwiebeln

500 g Möhren

Salz, Pfeffer, Zucker

1 Päckchen Gelierpulver oder Pektin

Für dieses jüdische Sabbatgericht das Fischfilet waschen, trockentupfen und durch den Fleischwolf drehen. 3 Zwiebeln pellen und ebenfalls durch den Fleischwolf drehen oder sehr klein würfeln.

Aus Fisch, Zwiebeln, Mazzemehl oder Semmelbrösel (oder zerbröseltem Zwieback) und 3 verquirlten Eiern eine Masse kneten. Mit Salz, Pfeffer und 1 TL Zucker abschmecken. Daraus Kugeln von etwa 4 cm Durchmesser formen.

Für die Sauce die Zwiebeln pellen und sehr fein würfeln (oder durch den Fleischwolf drehen). Die Möhren schälen, waschen und in dünne Scheiben schneiden. Mit den Zwiebeln in einen großen flachen Topf geben und mit Salz, Pfeffer und Zucker würzen. Wasser dazugießen (es soll etwa 3 cm über dem Gemüse stehen), die Fischkugeln nebeneinander darauflegen und etwa 2 Stunden zugedeckt bei ganz schwacher Hitze köcheln lassen. Zwischendurch bei Bedarf etwas Wasser dazugießen.

Die Fischkugeln und die Möhren herausnehmen und auf einer Platte anordnen.

Die Sauce durch ein Sieb streichen, mit Geliermittel oder Pektin nochmals aufkochen (es gibt auch vorbereitetes Gelierpulver, das nur in die lauwarme Sauce gerührt werden muß) und über die Fischkugeln verteilen. Abkühlen lassen.

Dann in den Kühlschrank stellen und kühlen, auch sehr kalt servieren.

Fische und Meeresfrüchte

Helen Schneider:

»Neu-England-Sommerfisch-Eintopf« (Summerfish Stew)

750 g Seeteufel (geht auch mit Schellfisch oder anderem festkochendem Fisch)

750 g kleine rote Kartoffeln (oder normale)

3 Stangen Lauch (Porree)

2 dicke Stengel Brokkoli

1 1/2–2 Tassen feste, möglichst kleine Champignons

1 rote Paprikaschote

3 frische Maiskolben

2 EL Distelöl

6 Tassen Wasser

1 Lorbeerblatt

1/2 Tasse frischer Oregano oder 2 TL getrockneter Oregano

1/2 Tasse neutrale (ungesüßte) Sojamilch

Salz, weißer Pfeffer

Den Fisch kurz kalt waschen, trocknen und in nicht zu kleine Stücke schneiden. Kühlstellen. Die Kartoffeln schälen, waschen und vierteln. Den Lauch aufschlitzen und gründlich waschen, den weißen bis hellgrünen Teil in feine Streifen schneiden.

Brokkoli waschen und in Röschen zerpflücken. Die Champignons putzen, kleine ganz lassen, größere vierteln. Paprikaschote putzen und in Stücke schneiden. Einen Maiskolben in 1–2 cm dicke Scheiben schneiden. Von den anderen Maiskolben die Körner ablösen – die nackten Strünke aber nicht wegwerfen!

In einem großen Topf Distelöl erhitzen. Lauch, die beiden Maiskolbenstrünke und den Oregano dazugeben. Solange dünsten, bis der Lauch glasig ist. Dann 6 Tassen Wasser und das Lorbeerblatt zugeben. Salzen, pfeffern und leise köcheln lassen. Die Kartoffeln zugeben und zugedeckt 10–15 Minuten kochen lassen, bis sie gar sind.

Dann das Lorbeerblatt und die Maiskolbenstrünke entfernen. Die Hälfte der Kartoffeln aus dem Topf schöpfen und mit 1/2 Tasse der Kochflüssigkeit zu einem Brei pürieren. Den Brei wieder in den Topf geben und gut umrühren.

Auf mittlere Hitze hoch stellen, Maiskörner, die anderen Gemüse und den Fisch zugeben. Einige Minuten köcheln lassen, bis der Fisch gar ist. Die Sojamilch einrühren, den Eintopf würzen und in tiefen Tellern servieren.

Tips

Wenn frischer Oregano (»ist fast wie ein Parfum«) zu bekommen ist, den Eintopf mit Oregano-Stengeln garnieren. Paprikaschoten könnte man auch häuten.

Geflügel

Das Backhendl, so hat mir Friedrich Jahn erzählt, sei das Lieblingsgericht von Kaiser Franz Joseph und davor von Maria Theresia gewesen. Damals stammte das Geflügel ja noch vom Bauernhof, pickte Gras und Körner und schmeckte eben besser als tiefgekühltes aus der Massenhaltung. Aber es gibt heute auch bäuerliche Betriebe, die ihre Tiere im Freien halten und nicht mit Industriefutter mästen. Ich persönlich bevorzuge dieses Geflügel, das einfach mehr Geschmack hat. Gerade bei Hähnchen, Ente, Perlhuhn und Pute zeigt sich, daß Geflügel in vielen Küchen der Welt eine wichtige Rolle spielt. So bereiten es meine Gäste auf thailändische, grusinische, persische und lothringische Art zu und würzen mutig mit Safran, Zimt, Zitronensaft oder Curry. Sogar eine Ente »bayerisch-surinamisch« findet sich darunter – allerdings ist das Rezept eher von der asiatischen als von der brasilianischen Küche inspiriert. Besonders beeindruckt hat mich der Truthahn mit zwei Füllungen, ein traditionelles Weihnachtsgericht aus Wales. Die Zubereitung ist zwar recht aufwendig, aber ein solcher Riesenbraten auf dem Tisch, der für die ganze Verwandtschaft reicht, macht natürlich etwas her.

Geflügel

Marie-Luise Marjan:

Pikantes Hühnerfrikassee à la Lindenstraße

1 frisches Suppenhuhn von etwa 1,5 kg (oder 750 g gekochtes Hühnerfleisch)

1 Zwiebel

2 Nelken

1 Lorbeerblatt

1 Bund Suppengemüse

Salz

2 EL Butter

2 EL Mehl

1 Becher Sahne

weißer Pfeffer

2 EL Zitronensaft

1 TL Honig

4 EL frisch geriebener Meerrettich

Das Huhn waschen und den fetten Bürzel entfernen. Die Zwiebel schälen und mit den Nelken spicken. Das Huhn mit Zwiebel und Lorbeerblatt in einen großen Topf legen. Das Suppengemüse putzen und in Stücke schneiden, zum Huhn in den Topf geben und mit Wasser gut bedecken. Salzen und ohne Deckel langsam aufkochen lassen. Wenn sich der dunkle Schaum an der Oberfläche verfestigt hat, vorsichtig mit einem Schaumlöffel abschöpfen. Etwa 1 1/2 Stunden zugedeckt ganz leise köcheln lassen.

Dann die Brühe durch ein Sieb in einen anderen Topf gießen, das ausgekochte Gemüse wegwerfen. Das Huhn abkühlen lassen. Dann enthäuten, das Fleisch von den Knochen ablösen und in Würfel schneiden.

In einem großen Topf die Butter schmelzen lassen, das Mehl einrühren und aufschäumen lassen. Die Sahne und etwa 1/2 l Hühnerbrühe dazugießen und unter kräftigem Rühren (mit dem Schneebesen) aufkochen, 10 Minuten leise simmern lassen.

Salzen, pfeffern und mit Zitronensaft, Honig und ganz frisch geriebenem Meerrettich abschmecken. Das Hühnerfleisch zurühren und wieder warm werden lassen. Mit gekochtem Reis (Naturreis) servieren.

Dazu ein trockener Weißwein (italienischer oder deutscher).

Friedrich Jahn:

Backhendl

125 g Butter

2 junge Hühnchen (frische, keine tiefgekühlten!)

etwas Mehl

Salz

1 Packung Semmelbrösel oder selbstgeriebene aus altbackenen Brötchen

4 Eier

Die Butter in einer Pfanne (die einen Deckel hat – für später) klären, das heißt, die Butter langsam erhitzen und aufkochen, bis sie stark schäumt und die Molke sich an der Oberfläche absetzt. Schaum abschöpfen, die Pfanne vom Herd nehmen.

Die Hühner mit einem Messer in 8 Teile zerlegen (2 Beine, die nochmals durchs Gelenk halbiert werden, 2 Flügel, 2 Brusthälften). Die Teile kurz waschen, mit Küchenkrepp gut trocknen. Rundum salzen, mit Mehl bestäuben, überschüssiges wieder abklopfen.

Geflügel

In einen tiefen Teller die Semmelbrösel streuen, in einem zweiten Teller die Eier leicht verquirlen.

Die gemehlten Hühnerstücke durch die verquirlten Eier ziehen und in den Semmelbröseln wälzen. Die Panierung gut festdrücken.

Die Pfanne mit der geklärten Butter wieder erhitzen, die Geflügelstücke darin bei mittlerer Hitze mit aufgelegtem Deckel braten, auf jeder Seite etwa 8 Minuten, dabei nur einmal wenden! Am zünftigsten mit der Hand zu essen.

Dazu passen Petersilienkartoffeln und ein grüner Salat. Oder ein saftiger Kartoffelsalat.

Statt frischer Butter geht auch Butterschmalz. Reste vom Backhendl schmecken auch kalt. Warum es keine Backente und keine Backgans gibt? Weil deren Fleisch viel härter ist als das der Hühnchen, die schon im Alter von fünf bis sechs Wochen geschlachtet werden.

Geflügel

Ingrid Steeger:

Thailändisches Curryhühnchen

4-5 getrocknete rote Chilis

2 Knoblauchzehen

1 Stück frische Ingwerwurzel, etwa walnußgroß

1 Zwiebel

1 Zimtstange oder 1/2 TL gemahlener Zimt

6 Pfefferkörner

etwas geriebene Muskatnuß

6 Korianderkörner (etwa 1/2 EL)

1/2 TL Kreuzkümmel

1 EL Pflanzenöl

1-2 EL Tomatenmark

500 g Hähnchenbrustfilet

3-4 EL Speisestärke

7 EL dicke Kokosmilch (aus Dose oder Päckchen)

100 g Sahne

2 TL Instant-Hühnerbrühe

2 EL Fisch- oder Austernsauce

1 Bund thailändisches Basilikum (oder normales)

etwas Zitronensaft

Salz, Zucker

Die Chilischoten entkernen und in 2 EL heißem Wasser einweichen. Dann abtropfen und kleinschneiden, das Einweichwasser aufheben.

Knoblauch, Ingwer und Zwiebel schälen und in Würfel schneiden. Zimt (die Zimtstange in Stücke zerbrechen), Pfefferkörner, Muskat, Koriander und Kreuzkümmel in einer trockenen Pfanne rösten, bis sie intensiv duften.

Die gerösteten Gewürze mit den Chilis, Zwiebel, Knoblauch und Ingwer im Mixer pürieren, dabei tropfenweise vom Einweichwasser, das Pflanzenöl und Tomatenmark zugeben, bis die Mischung cremig ist.

Hähnchenbrustfilets waschen, mit Küchenkrepp trocknen und in Würfel schneiden (in Thailand ißt man mit Gabel und Löffel, deshalb wird das Fleisch vorher zerkleinert). In Stärke wenden. In einem Topf (oder im Wok) die Kokosmilch mit Sahne und knapp 1/4 l Wasser aufkochen, die Instantbrühe einstreuen. Die Hähnchenstücke in die Kokossahne rühren. Bei Mittelhitze 5-7 Minuten köcheln lassen. Dann die Gewürzpaste einrühren. Mit Fischsauce, Zucker, Salz und Zitronensaft abschmecken. Nochmals 5 Minuten köcheln lassen. Inzwischen das Basilikum waschen, die Blättchen abzupfen und in feine Streifen schneiden. Das fertige Hähnchen-Curry mit Basilikum garniert servieren.

Dazu paßt Basmati- oder Langkorn-Reis.

Tips

Die Gewürzmischung kann auch mit Zwiebeln, Knoblauch und Ingwer im Mörser zerstampft werden. Die Kokosmilch neutralisiert die Schärfe. Wenn Sie sie nicht erhalten (es gibt sie oft im Asienregal von gut sortierten Supermärkten), dann mehr Sahne nehmen.

Geflügel

Alice Schwarzer:

Zitronenhuhn

1 frisches Huhn (ein schönes vom Markt)

Saft von 3–5 Zitronen

durchwachsener, geräucherter Speck

3–5 Knoblauchzehen (eher mehr)

1 TL Herbes de Provence (provenzalische Kräutermischung aus Estragon, Oregano, Thymian, Basilikum, Bohnenkraut, Rosmarin, Anis, Fenchel, Lavendel, Salbei und Ysop)

Salz

1 Becher saure Sahne oder Schmand

Das Huhn innen und außen waschen, mit Küchenkrepp trocknen und in eine Schüssel legen, mit dem Zitronensaft übergießen und ein paar Stunden im Kühlschrank marinieren. Wenn man Zeit hat, ab und zu wenden.

Zur Zubereitung wird der Speck gewürfelt und in einem großen Bratentopf auf mittlerer Hitze ausgebraten. Das Huhn aus dem Zitronensaft heben (den Saft nicht weggießen), abtrocknen und innen mit ein paar grob gewürfelten Knoblauchzehen und den Herbes de Provence ausstreuen, salzen und in dem Speckfett anbraten. Am Rand ein paar geviertelte Knoblauchzehen mitbraten, bis sie glasig sind (nicht braun werden lassen). Dann den Zitronensaft zugießen, die Herdplatte kleiner stellen, zugedeckt bei schwacher Hitze (E-Herd Stufe 1 1/2) etwa 30 Minuten garen. Danach das Huhn aus dem Bräter nehmen und die Sahne oder den Schmand in den Bratfond rühren. Den Topf sofort von der Herdplatte nehmen und die Sauce zu dem Huhn servieren. Dazu paßt gekochter Reis.

Dieses Rezept ist eine Erfindung von Alice Schwarzer, die gern für Gäste kocht, aber keine Zeit zu verlieren hat. Es soll alles schnell gehen, trotzdem was hermachen und gut schmecken. Kleine Anstrengung, großer Effekt.

Geflügel

Cornelia Froboess:

Grusinisches Huhn

1 junges Brathähnchen (gut 1 kg schwer)

1 Bund Estragon

1 Bund Basilikum

1 Bund Liebstöckel

1 kleiner Zweig Rosmarin (es können auch getrocknete Kräuter genommen werden)

neutrales Pflanzenöl

Salz

100 g dünn geschnittener Parmaschinken

körniger Dijonsenf

100 g altbackene Brötchen

Vom Hähnchen die Flügel abschneiden. Das Huhn auf den Rücken legen und den Bauch mit einer Geflügelschere aufschneiden. Den Brustkorb aufbiegen und das Huhn von der Innenseite her vorsichtig entbeinen. Darauf achten, daß die Haut nicht beschädigt wird.

Die Flügel mit den ausgelösten Hühnerknochen für eine Hühnersuppe verwenden.

Die Kräuter verlesen, die Blätter mit Küchenkrepp abreiben.

Den Backofen auf 250°C vorheizen. Ein Stück Alufolie auf ein Backblech legen und mit etwas Öl bestreichen. Das Huhn in dem Öl wenden, zur Seite legen. Den Parmaschinken in der Größe des Huhns auf der Folie auslegen. Etwa 2/3 der Kräuter – Estragonblätter, fein gehacktes Basilikum und Liebstöckel, Nadeln des Rosmarinzweiges (Vorsicht, frischer Rosmarin schmeckt sehr intensiv, also sparsam verwenden) auf die Innenseite des Huhns streuen, nur ganz wenig salzen (weil der Schinken beim Garen das Fleisch schon würzt). Das Huhn mit der gekräuterten Seite nach unten so auf das Backblech legen, daß der Schinken vollständig bedeckt ist.

Die Hautseite mit körnigem Dijonsenf einreiben. Die trockenen Brötchen zu Bröseln reiben und ungleichmäßig über das Huhn verteilen, damit die Haut nachher im Ofen Blasen werfen kann.

Das platte Huhn in den heißen Ofen schieben, etwa 20 Minuten backen, nach einer Viertelstunde noch ein paar gehackte Kräuter und Rosmarinnadeln über das Huhn streuen. Dann den Grill dazuschalten, bis die Haut goldbraun und knusprig ist – das dauert etwa 5 Minuten. Mit einem bunt gemischten Salat servieren.

Das Gericht lernte Cornelia Froboess auf einem Theatergastspiel in St. Petersburg kennen. Für ihren Mann, der sich immer »ein Huhn ohne Knochen« wünschte, entbeinte sie das Geflügel.

Tips

Statt Parmaschinken kann auch ein anderer roher Schinken genommen werden, es darf auch der Fettrand daranbleiben. Das Huhn muß nicht unbedingt entbeint werden – einfach halbieren und die Hälften plattdrücken.

Geflügel

Veronica Ferres:

Persisches Safranhuhn

1 großes Brathähnchen (am schnellsten geht es, wenn der Geflügelhändler bereits das Huhn zerteilt – die Brust in 16 Stücke schneiden)

6 Zitronen

4 Msp. gemahlener Safran

Olivenöl – etwas weniger als der Saft der sechs Zitronen

Salz, Pfeffer

Das Gericht geht schnell, ist einfach und absolut ungewöhnlich. Veronica Ferres hat es von Patrick Süskind, ihrem »persönlichen Telefon-Kochberater« – und der wiederum von einer persischen Freundin. Vorsicht mit dem Safran, er ist nicht nur sehr teuer, er färbt auch entsetzlich.

Die Hähnchenteile kurz abspülen, mit Küchenkrepp gut trocknen und in eine Reine oder einen Bräter legen. Die Zitronen auspressen. Den Safran mit ganz wenig Zitronensaft anrühren, damit es keine Klümpchen gibt. Dann erst mit dem übrigen Saft gründlich vermischen.

Die Hähnchenteile pfeffern, salzen und mit dem Safran-Zitronensaft übergießen. Das Olivenöl darüber verteilen, bis die Stücke gut bedeckt sind. Mit Folie abdecken, im Kühlschrank 24 Stunden ziehen lassen, ab und zu umwenden.

Den Backofen auf 240°C vorheizen. Die Hühnerstücke aus der Marinade heben, auf ein Backblech legen und 45 Minuten im heißen Ofen backen, bis die Haut schön bräunlich ist.

Als Beilage Basmati-Reis und ein bunt gemischter Salat.

Dazu paßt ein Rotwein, ein guter Chianti zum Beispiel, obwohl man zum hellen Hühnerfleisch traditionell Weißwein trinken würde.

Geflügel

Dr. Franz-Josef Antwerpes:

Perlhuhn mit Mirabellen

1 Perlhuhn von etwa 1,3 kg (ersatzweise ein Hähnchen)

1 Glas eingelegte Mirabellen

4-6 cl Mirabellenwasser (kein billiger Mirabellengeist)

Butter und Pflanzenöl

Salz, weißer Pfeffer aus der Mühle

Das Perlhuhn waschen, mit Küchenkrepp trocknen und in 10 Stücke teilen: in die 2 Flügel, die Beine in jeweils 2 Teile, dazu die 2 Brüste und den geteilten Rücken. Die Mirabellen in einem Sieb abtropfen lassen, die Flüssigkeit auffangen. Mirabellen entsteinen.

Eine Mischung aus Öl und Butter in einer Pfanne oder Sauteuse (eine Kasserolle mit Deckel) erhitzen, darin die Geflügelteile auf beiden Seiten etwa 10 Minuten anbraten. Dann den Mirabellensaft dazugießen, den Deckel auflegen und die Flüssigkeit etwas einköcheln lassen. Die entsteinten Mirabellen zugeben und noch etwa 15 bis 20 Minuten köcheln lassen, bis die Perlhuhnteile gar sind. Mit Salz und Pfeffer abschmecken.

Ganz zum Schluß 2 Schnapsgläser Mirabellengeist darübergießen und – wenn es für Erwachsene zubereitet wird – sofort servieren. Für Kinder noch 2 Minuten köcheln lassen, damit der Alkohol vollständig verdampft.

Das Rezept stammt aus Lothringen, dem Land der Mirabellen (dort kommen auch die besten her). Perlhühner werden vor allem in Frankreich gezüchtet, bevorzugen Sie solche aus Freilaufhaltung. Das Fleisch ist dunkel, sehr fettarm und eiweißreich, erinnert im Geschmack an Rebhuhn.

Geflügel

Jutta Speidel:

Zimthuhn mit gespickter Zwiebel

1 junges Freiland-Brathuhn

2 Zwiebeln

20-30 Nelken, Zimtpulver

Paprika edelsüß

Cayennepfeffer, Salz

2 EL flüssiger Honig

2 EL scharfer Senf

2-3 EL Aceto Balsamico

Geflügelfond zum Begießen

Für die Sauce:

5-6 EL brauner Zucker

200 ml Geflügelfond

200 ml Kalbsfond

1/2 Glas Weißwein

1/2 Glas Aceto Balsamico

Zimt- und Nelkenpulver

Salz, schwarzer Pfeffer

Paprika edelsüß

Cayennepfeffer

50 g eiskalte Butter

Einen Tontopf (Römertopf) mit Deckel 10 Minuten wässern. Das Huhn innen und außen kalt waschen, mit Küchenkrepp trocknen.

Den Backofen auf 225°C vorheizen. Die Zwiebeln schälen und mit den Nelken spicken. Das Huhn mit Zimt, Paprika, Cayennepfeffer und Salz innen und außen einreiben und mit den Zwiebeln füllen.

Den Honig mit Senf, je 1 TL Zimt, Cayennepfeffer und Paprika, Aceto Balsamico und etwas Salz verrühren. Das Huhn damit bestreichen und in den Tontopf legen.

Den Deckel auflegen und den Topf so in den Ofen schieben, daß die Form in der Mitte des Backraums steht. 45 Minuten garen, ohne dabei den Deckel abzunehmen.

Dann den Deckel abnehmen und bei gleicher Temperatur in knapp 45 Minuten knusprig braten, dabei gelegentlich mit Geflügelfond begießen.

Kurz vor Ende der Garzeit für die Sauce den Zucker in einer Pfanne karamelisieren lassen. Geflügelfond, Kalbsfond, Weißwein und Aceto Balsamico zugeben und einkochen lassen. Mit Zimt, Nelkenpulver, Salz, schwarzem Pfeffer, Paprika und Cayennepfeffer pikant abschmecken. Zum Schluß die eiskalte Butter in kleinen Stückchen in die Sauce quirlen, bis sie gebunden ist.

Das Huhn im Tontopf oder auf einer Platte servieren, die Sauce extra dazu reichen.

Dazu paßt ein trockener Riesling aus Deutschland.

Tips

Bei niedriger Temperatur kann das Huhn auch 2 Stunden und länger gegart werden – im Tontopf trocknet es nicht aus. Was in dem Topf als Saft verbleibt, könnte man auch für die Sauce verwenden. Jutta Speidel gibt ihn aber lieber am nächsten Tag über bißfest gekochte Nudeln.

Geflügel

Marianne Sägebrecht:

Ente bayrisch-surinamisch

1 Beutel chinesische Trockenpilze (Mu-Err)

1 küchenfertige Flugente (am besten eine frische vom Markt)

250 g geräucherter Schinken oder magerer Bauchspeck (bayrisch: Wammerl)

2 Stangen Lauch

2 Zwiebeln

6 Knoblauchzehen

Pflanzenöl

1 Glas oder Dose Maronen (Eßkastanien)

1 Bund Petersilie

Sherry

2 säuerliche Äpfel (Boskop)

Sojasauce, Salz, weißer Pfeffer

1 Bund Koriandergrün (Cilantro)

5 Orangen

Honig

2 Eigelbe

etwas süße Sahne

Die chinesischen Trockenpilze waschen und ein paar Stunden in Wasser einweichen.

Die Ente innen und außen waschen, mit Küchenkrepp trocknen. Für die Füllung den Schinken würfeln. Lauch putzen, waschen und kleinschneiden. Zwiebeln und Knoblauch schälen und hacken. In einer Pfanne etwas Öl erhitzen, den gewürfelten Schinken auslassen, dann Zwiebeln, Lauch und Knoblauch dazugeben und leicht anbraten. Dazu kommen die grob gehackten Maronen, die abgetropften und kleingeschnittenen chinesischen Pilze und die gehackte Petersilie.

Nach ein paar Minuten einen Schuß Sherry zugeben, dann die kleingeschnittenen Äpfel und kräftig Sojasauce einrühren. Nach Belieben pfeffern.

Den Backofen auf 210°C vorheizen. Mit der Schinken-Gemüsemasse die Ente füllen, einen Korianderzweig hinzugeben, die Entenöffnungen mit Dressiergarn zunähen. Den fetten Bürzel nach Belieben entfernen oder nicht.

Die zugenähte Ente außen pfeffern (weißer Pfeffer), salzen und mit etwas Öl einpinseln, damit sie im Ofen nicht sofort anbrennt.

Die Ente in eine feuerfeste Form legen und im heißen Ofen kurz anbräunen, dann auf 190°C zurückschalten und ungefähr 70 bis 80 Minuten braten. Nach einer Weile mit einer Mischung aus dem Saft der Orangen und etwas Sherry begießen (nicht alles aufbrauchen, etwas Saft wird noch für die Sauce gebraucht).

Danach immer wieder mit einer Kelle die Sauce in der Form über die Ente gießen. Kurz vor dem Ende der Garzeit die Entenhaut mit etwas Honig einpinseln und wieder mit der Sauce übergießen. Jetzt noch einmal 4–5 Minuten bei 210°C im Ofen bräunen. Dann die Ente aus dem Ofen nehmen, aufschneiden und die Füllung herausnehmen. Die Ente in etwas Alufolie gewickelt warm stellen und die Füllung in eine feuerfeste Form geben. Mit den verquirlten Eigelben übergießen. Mit dem restlichen Koriander garnieren und bei etwa 200°C kurz in den Ofen stellen.

Die beim Backen der Ente entstandene Sauce kurz aufkochen, die restliche Mischung

Geflügel

aus Orangensaft und Sherry dazugeben (nach Belieben noch ein Extraschuß Sherry hinzu). Einen kleinen Schuß süße Sahne einrühren und nach Geschmack pfeffern.

Die Ente portionsgerecht aufschneiden und mit der Sauce und der Füllung als Beilage servieren. Damit es schöner aussieht, noch mit Orangenscheiben dekorieren.

Dazu gehört ein grüner Salat mit frischen Kräutern.

Am besten paßt ein kräftiger, trockener Rotwein, zum Beispiel Chianti Classico.

Tips

Marianne Sägebrecht nennt ihre »Mischküche« bayrisch-surinamisch – weil sie als Kind sagte, sie käme aus Surinam. Sie dachte, es läge in Indien, bis sie entdeckte, daß es bei Brasilien liegt.

Wolfgang Völz:

Putenleber in Jägersauce

500 g frische Putenleber

250 g Langkorn-Reis

2 EL Olivenöl

3 Zwiebeln

3 Nelken

1 Flasche Weißwein, z.B. ein Muscadet

Salz, schwarzer Pfeffer

250 g Champignons

1 Päckchen Jägersauce

Butter zum Braten

etwas Sahne, Estragon, Salbei, Majoran

Die Putenleber waschen und trockentupfen, sorgfältig putzen und zur Seite stellen.

In einem Topf den Reis in Öl andünsten, bis er glasig ist. Eine Zwiebel schälen, aber nicht zerteilen, sondern mit den Nelken spicken und zum Reis geben, mit Wasser und Weißwein (nicht die ganze Flasche! 1 Teil Wein auf 2 Teile Wasser) aufgießen, salzen und wie Risotto ausquellen lassen.

Restliche Zwiebeln schälen und fein würfeln. Die Champignons putzen und blättrig schneiden. Jägersauce nach Packungsangabe (mit etwas Weißwein) zubereiten.

In einer Pfanne Butter erhitzen und die Zwiebelwürfel anbraten. Putenleber zugeben und rundum in 5–7 Minuten rosig braten. In einem zweiten Pfännchen die Champignons ebenfalls in Butter braten.

Die Putenleber aus der Pfanne heben und in kleine Stücke schneiden. Die Champignons zu den Zwiebeln rühren, mit Wein ablöschen (nicht ohne vorher einen Schluck zu nehmen) und mit der Jägersauce übergießen, einen Schuß Sahne zugeben und etwas einkochen lassen.

Die Leberstücke untermischen und nur kurz ziehen lassen – nicht zu lange, sonst wird die Leber hart. Das Ragout erst jetzt mit Salz, Pfeffer, Estragon, Salbei und Majoran würzen. Die Putenleber mit dem Reis servieren.

Geflügel

Jochen Busse:

Putensteaks mit Liebstöckelsauce

Für 2 Personen:

2 Putensteaks

75 g Liebstöckel (oder Kerbel)

75 g Petersilie (glatt oder kraus)

Olivenöl zum Anbraten

Gänseschmalz zum Bestreichen (Butterschmalz geht auch)

evtl. Geflügelfond

250 g Crème double

etwas Saucenbinder

Salz, Pfeffer

Den Backofen auf 75°C anwärmen. Putensteaks mit Küchenkrepp gut trocknen. Liebstöckel und Petersilie waschen, die Blättchen abzupfen (es sollen keine Stengelreste mehr dran sein) und mit einem Wiegemesser nicht zu fein hacken. Heißes Wasser bereithalten.

In einer Pfanne etwas Olivenöl erhitzen und die Putensteaks darin auf beiden Seiten kurz anbraten. Dann auf einen Rost legen und – damit sie nicht austrocknen – mit dem Gänseschmalz bestreichen, das dringt schön ins Fleisch und gibt ihm mehr Geflügelgeschmack. Im Ofen warm stellen, Teller auch gleich darin vorwärmen.

Den Bratensatz in der Pfanne mit heißem Wasser (oder Fond oder was man sonst gerade in der Küche hat) aufgießen, den Satz unter Rühren lösen und aufwallen lassen.

Die Kräuter zugeben und die Flüssigkeit etwas einköcheln lassen, die Crème double einrühren und die Sauce entweder kochen lassen, bis sie gebunden ist oder mit etwas Saucenbinder andicken. Mit Salz und Pfeffer abschmecken. Die Steaks auf den vorgewärmten Tellern anrichten und mit der Sauce übergießen.

Als Beilage frisches Baguette und Gemüse aus Kartoffeln, Petersilienwurzeln, Möhren und Sellerie – alles gewürfelt und in Kräuterbrühe gekocht.

Dame Gwyneth Jones:

Stuffed Turkey – Truthahn mit zwei Füllungen

Für 8-10 Personen:

1 Truthahn, 3-4 kg schwer (darauf achten, daß die beiden Öffnungen noch genug Haut zum Zunähen haben)

zimmerwarme Butter

frischer (grüner) Speck in großen Scheiben zum Belegen des Truthahns

2 kg mittelgroße geschälte Kartoffeln (größere halbieren)

2 kg Petersilienwurzeln

außerdem: eine Waage für den gefüllten Truthahn (er kann über 5 kg wiegen!)

Salbei-Zwiebelfüllung:

2 große Zwiebeln

25 g zimmerwarme Butter

ca. 150 g Semmelbrösel

4-5 Salbeiblätter (oder 2 TL getrockneter Salbei)

Salz, Pfeffer

Geflügel

Maronenfüllung:

450 g Maronen (Eßkastanien, aus der Dose, tiefgekühlt oder vakuumverpackt)

1/4 l Fleischbrühe oder Milch

60 g Schinkenspeck

1 unbehandelte Zitrone

75–100 g Semmelbrösel

25–30 g zimmerwarme Butter

1 TL gehackte Petersilie

1 Ei

Salz, Pfeffer, Zucker

Für die Salbei-Zwiebelfüllung die Zwiebeln pellen und in kaltem Wasser aufsetzen. Etwa 5 Minuten köcheln lassen. Dann das Wasser abgießen und die Zwiebeln mit frischem, kochenden Wasser bedeckt fertig garen. Gut abtropfen lassen und fein hacken, dann mit Butter, Semmelbröseln und gehackten Salbeiblättern vermischen, salzen und pfeffern.

Für die Maronenfüllung die Eßkastanien (sie sind bereits gegart) mit Brühe oder Milch kurz aufkochen, dann in einem Mixer pürieren oder durch ein Sieb streichen.

Den Schinkenspeck klein würfeln, Zitrone gut abwaschen und mit einem Zestenreißer (oder auf einer Reibe) die Schale abraspeln.

Speckwürfel und die Zitronenschale unter das Maronenpüree mischen, die restlichen Zutaten dazugeben und mit dem Ei binden, mit Salz, Pfeffer und Zucker abschmecken.

Den Backofen auf 120°C vorheizen. In die beiden Öffnungen des Truthahns jeweils eine der Füllungen geben und gut zunähen. Die Beine zusammenbinden. Den Truthahn wiegen, um die Garzeit zu ermitteln (4 bis 5 kg Gewicht benötigen 4 1/2 bis 5 Stunden Garzeit). Wenn Ihre Küchenwaage das nicht mehr packt, legen Sie ein Stück Folie auf eine Personenwaage und darauf den gefüllten Truthahn.

Den Truthahn auf ein stabiles Backblech legen, gut mit Butter einreiben und mit den Speckscheiben belegen, so daß der ganze Truthahn bedeckt ist. Die geschälten Kartoffeln und die Petersilienwurzeln darum herum verteilen.

Das Blech unten in den Ofen schieben, Garzeit siehe oben. Ein sehr großer Vogel muß bis zu 6 Stunden im Ofen bleiben, bis er fertig ist – bei der niedrigen Temperatur braucht man keine Angst zu haben, daß er mißlingt. Während des Garens den Braten immer wieder mit dem Schmorsaft übergießen, damit er nicht austrocknet.

Den fertig gebratenen Truthahn aus dem Ofen nehmen, etwas abkühlen lassen. Die Fäden entfernen und den Braten tranchieren. Mit den Füllungen, Petersilienwurzeln und Kartoffeln servieren.

Tip

Von der Salbei-Zwiebelfüllung gleich mehr zubereiten, den Rest tiefkühlen und für ein gefülltes Huhn verwenden.

Fleisch und Wild

Wenn ich mir die Rezepte dieses Kapitels ansehe, so fällt mir auf, daß sehr viele italienische darunter sind. In Italien sind die Fleischportionen kleiner als bei uns, sie sind nur ein Gang eines Essens, das mit Vorspeisen beginnt und mit einem Dessert endet. Ideal für die schnelle Küche sind die hauchdünnen Kalbsschnitzelchen mit Salbei und Parmaschinken, die Saltimbocca (was soviel wie »Spring in den Mund« bedeutet). Aber zur italienischen Küche gehören auch die würzigen Schmorgerichte wie Ochsenschwanzragout oder Ossobuco, Kalbshaxenscheiben auf Mailänder Art, bei denen es nicht schadet, wenn sie noch länger garen (falls sich die Gäste verspäten oder länger bei den Vorspeisen verweilen).
Natürlich gibt es auch Deftiges wie Pfälzer Saumagen oder Eisbein, Feines wie Kutteln in Champagner und Rehrücken und den Barbecue-Klassiker »Spare Ribs«, den Ron Williams, wie er sagt, erst bei uns eingeführt hat. Er nennt das »Soul food« – weil man die Seele mitessen muß, wenn zu wenig Fleisch an den Knochen ist.

Fleisch und Wild

Thomas Reiter:

Saltimbocca alla Romana mit Zucchini

4 Kalbsschnitzel, 4 mm dick geschnitten

Zitronensaft

4 Scheiben Parmaschinken, dünn geschnitten

8 Salbeiblätter

3-4 EL Butter

1/8 l Weißwein

Salz, Pfeffer

Für die Beilage:

2 größere, feste Zucchini

gutes Olivenöl

Butter

Knoblauch

Salz, Pfeffer

Saft von 1 Zitrone

Die Kalbsschnitzel – sie sollen wirklich ganz dünn geschnitten sein – auf einem großen Brett ausbreiten, mit Küchenkrepp trockentupfen und mit ein paar Tropfen Zitronensaft beträufeln. Jeweils eine Schnitzelhälfte bis zur Mitte mit je 1 Scheibe Parmaschinken und 1 bis 1 1/2 (je nach Größe) Salbeiblättern belegen, etwas Pfeffer darüber mahlen, umklappen und mit einem Zahnstocher fixieren. Außen etwas pfeffern, ganz wenig salzen (der Schinken würzt von innen).

Etwas Butter erhitzen und die Saltimbocca auf jeder Seite etwa 1 Minute scharf anbraten, dann herausnehmen und warm stellen (oder in Alufolie verpacken), damit sie etwas nachziehen.

Das Bratfett abgießen, etwas Wein in die Pfanne gießen und den Bratensatz auf dem Pfannenboden unter Rühren loskochen, anschließend mit einem Stück frischer Butter verfeinern. Die knappe Sauce noch mal mit Salz und Pfeffer abschmecken. Die Saltimbocca kurz in der Sauce schwenken, bis sie wieder heiß sind.

Für das Zucchinigemüse die Zucchini waschen, trocknen und in Scheiben schneiden. In einer Mischung aus Olivenöl, Butter und durchgepreßtem Knoblauch auf beiden Seiten kurz anbraten, sie sollen noch Biß haben. Pfeffern. Kurz vor dem Herausnehmen salzen und mit etwas Zitronensaft beträufeln.

Viktor Lazlo:

Saltimbocca-Röllchen alla Lazlo

8 dünne Scheiben Rinderfilet

Meersalz, Pfeffer

8 sehr dünne Scheiben Parmaschinken

1 Bund Basilikum

1 Ei, 2 EL Semmelbrösel

Butter und Öl zum Braten

Karibik-Rum zum Flambieren

2 EL Sahne, Petersilie zum Garnieren

Die Rinderfilet-Scheiben flach auf ein Arbeitsbrett legen und mit einem Teigroller auswalzen, salzen und pfeffern. Darauf kommt je eine Scheibe

---

Tips

Thomas Reiter nimmt eher mehr als weniger Salbei – denn Salbei soll ein langes Leben verheißen. Die Weisen der Schule von Salerno schrieben ums Jahr 1000 n.Chr.: »Wie kann sterben ein Mensch, dem Salbei sprießet im Garten?«.

Fleisch und Wild

Parmaschinken und je 3 Blätter Basilikum. Die Fleischscheiben dünn aufrollen.

Auf einem Teller das Ei verquirlen. Auf einen zweiten Teller die Semmelbrösel streuen. Die Rollen erst in Ei, dann in den Bröseln dünn panieren.

In einer Pfanne ein wenig Butter und Öl erhitzen und die Röllchen darin rundum anbraten. Wenn sie gut gebräunt sind, aus der Pfanne nehmen.

Das Fett aus der Pfanne abgießen, etwas frische Butter in die Pfanne geben. Einen guten Schuß Rum zugießen, die Röllchen wieder hineinlegen und den Rum mit einem langen Streichholz entzünden – Vorsicht beim Flambieren, die Flamme kann sehr hoch schießen, es dürfen keine brennbaren Dinge (einschließlich Koch oder Köchin) in der Nähe sein.

Die Röllchen wieder herausnehmen, Sahne in die Pfanne geben, mit Salz und Pfeffer abschmecken. Die fertige Sauce so auf flache Teller geben, daß der Tellerboden gut bedeckt ist, die Saltimbocca-Röllchen darauf legen und mit gehackter Petersilie garnieren.

Die Idee stammt zwar aus Italien, aber Viktor Lazlo hat das Rezept auf karibische Art abgewandelt. Für den Rum gilt: je älter, desto besser.

Fleisch und Wild

Frank Elstner:

Gefüllte Kalbsröllchen

8 sehr dünn geschnittene Kalbsschnitzel

100 g Champignons

1 kleine Zwiebel

200 g frische Sojabohnenkeimlinge

1 EL neutrales Pflanzenöl und Öl zum Braten

80 g feine Kalbsleberwurst

Salz, Pfeffer

Cayennepfeffer

Für die Sauce:

3 EL Senf

4 EL Crème fraîche

1/8 l Wasser (stilles Mineralwasser)

1 gute Prise Zucker

Die Kalbsschnitzel mit Küchenkrepp trocknen, dicker geschnittene mit der flachen Seite des Fleischklopfers dünn klopfen. Die Champignons putzen (nicht waschen!) und fein hacken. Zwiebel pellen und in feine Würfel schneiden. Sojakeime heiß überbrausen und verlesen.

In einer Pfanne die Zwiebelwürfel in 1 EL Öl glasig dünsten, dann die gehackten Champignons zugeben und dünsten, bis fast die ganze Flüssigkeit verdampft ist. Abkühlen lassen.

Leberwurst, wenig Salz (die Wurst ist ja gesalzen), Pfeffer und kräftig Cayenne mit einer Gabel unter die Pilz-Zwiebel-Pfanne mischen. Die Kalbsschnitzel dünn mit der Masse bestreichen. Sojakeimlinge auf das untere Viertel der Schnitzel häufen (etwa 10–15 Sprossen pro Schnitzel), zu kleinen Rouladen aufrollen und mit Zahnstochern oder Küchengarn zusammenhalten.

In einer Pfanne Pflanzenöl erhitzen und die Kalbsröllchen rundum kräftig anbraten, dann etwa 3 Minuten auf jeder Seite weitergaren – wenn das Fleisch ganz dünn ist, ist es auch schnell durch. Herausnehmen und warm stellen.

In die Pfanne 3 EL Senf und 4 EL Crème fraîche sowie 1/8 l Wasser geben, mit dem Schneebesen verrühren und aufkochen lassen. Mit Salz, Pfeffer und einer kräftigen (»böhmischen«) Prise Zucker abschmecken. Die Kalbsröllchen in die Sauce legen und vor dem Servieren noch etwas ziehen lassen.

Frank Elstner mag als Beilage Reis und frische grüne Bohnen. Und einen guten Rotwein.

Tips

Soja- (oder Mungobohnen-) Keimlinge sind wahre Vitaminbomben. Frische kurz überbrühen, um sie bekömmlicher zu machen. Bei Sprossen aus der Dose ist das nicht notwenig.

Fleisch und Wild

Ron Williams:

Ron's Spare Ribs

reichlich Spare Rib Slabs (Schälrippen am Stück, »lean« = mager)

6 Knoblauchzehen

Salz, Pfeffer (schwarz und weiß)

Olivenöl

1/2 l Tomaten-Ketchup

3 EL Rotweinessig

4 EL Honig

Chilipulver, Paprika edelsüß

Senfpulver

frische Chilischoten nach Belieben

Früher waren Ribs ein Arme-Leute-Essen. Die Reichen aßen das gute Fleisch vom Schwein, die Rippenknochen bereiteten sich die Sklaven mit scharfen Saucen zu. Als Ron Williams in den sechziger Jahren nach Deutschland kam, wußten die Metzger noch nichts mit »Spare Ribs« anzufangen. Doch weil Ron sie so oft zubereitete, machte er die pikanten Knochen bekannt und populär.

Die Spare-Rib-Slabs mit dem Messer in Stücke von 3–5 Rippen schneiden und in eine große Schüssel legen. Den Knoblauch grob hacken und mit etwas Salz, Pfeffer und reichlich Olivenöl zum Fleisch geben. Über Nacht marinieren.

Für die Sauce Ketchup und Rotweinessig in einem Topf langsam (sonst verdampft der Essig zu schnell) erhitzen, Honig und Chilipulver, Paprika, Senfpulver, Pfeffer und nach Geschmack gehackte Chilischoten zugeben. Bei schwacher Hitze kurz köcheln lassen.

Den Backofen auf 200°C vorheizen, unten eine Fettpfanne (Backblech mit höherem Rand) mit etwas Wasser hineinstellen (durch das Wasser trocknet das Fleisch nicht so leicht aus und es fängt das abtropfende Fett und Sauce auf).

Die Ribs mit der Sauce einpinseln und auf den geölten Rost legen. In den Ofen schieben und braten, öfters wenden und immer wieder dick mit Sauce bepinseln. Nach 15 Minuten die Hitze auf 150°C reduzieren. Garzeit: 40–45 Minuten.

Spare Ribs können auch auf dem Gartengrill zubereitet werden. Dazu gibt es einen großen gemischten Salat und kühles, helles Bier.

Fleisch und Wild

Gerd Ruge:

Doppelt gekochtes Schweinefleisch aus dem Wok

ca. 750 g Schweinekotelett ohne Knochen (Lende), Salz

Reiswein oder trockener Sherry

1 Bund Frühlingszwiebeln

2–3 rote Paprikaschoten

1 Stück frischer Ingwer

Pflanzenöl zum Braten

2 EL Zucker

2–3 EL scharfe Bohnensauce

getrocknete Chilischoten

evtl. getrocknete Schwarzbohnen

Sojasauce, Fünfgewürzpulver

Auf Chinesisch heißt das Gericht soviel wie »Zurück-in-den-Topf-Fleisch«. Die Schweinelende in kochendem Salzwasser in etwa 20 Minuten rosa kochen. In 4 Millimeter dünne Scheiben schneiden und – wenn die Zeit reicht – in einer Schüssel in Reiswein (Sherry) eine Weile marinieren.

Den weißen und den grünen Teil von den Frühlingszwiebeln getrennt fein schneiden, die geputzten Paprikaschoten in Streifen schneiden. Den Ingwer schälen, fein hacken.

In einem Wok Pflanzenöl erhitzen, die Paprikastreifen, das Weiße der Frühlingszwiebeln und den Ingwer kurz anbraten, dann herausheben. Im Öl 2 EL Zucker schmelzen lassen, dazu etwas Reiswein oder Sherry, die scharfe Bohnensauce, getrocknete Chili und eventuell einige Schwarzbohnen geben. Etwa 5 Minuten durchrühren.

Das Fleisch in der Sauce wieder erwärmen, das gedünstete Gemüse dazugeben, mit Sojasauce und Fünfgewürzpulver abschmecken und das Zwiebelgrün darüber streuen. Dazu gibt es natürlich Reis.

Die Zutaten gibt es in asiatischen Lebensmittelgeschäften. Wenn am Fleisch noch Fett daran ist, kann man es vorm Kochen abtrennen, würfeln und im Wok auslassen.

Knoblauch paßt auch gut dazu – dann ist es nordchinesisch.

Fleisch und Wild

Campino und Kuddel:

Rumpsteaks in Altbier-Senf-Sauce

4 Rumpsteaks à 150 g

Erdnußöl

Salz, Pfeffer

Sauce:

1/2 TL Senfkörner

1/2 Glas Rotwein

3 Kellen Sauce Demiglace (braune Grundsauce)

1/2 TL Senf (mittelscharf, möglichst Düsseldorfer)

1/2 Glas Altbier

evtl. etwas Madeira und Butter

gehackte Petersilie

Backofen auf 60°C vorwärmen. Die Rumpsteaks (sie sollen Zimmertemperatur haben) mit Küchenkrepp trocknen. Eine schwere Pfanne erhitzen, einen Schuß Erdnußöl hineingeben und die Steaks bei nicht zu starker Hitze ca. 3–4 Minuten pro Seite braten. Dann rausnehmen, einzeln in Alufolie wickeln und im Ofen warmstellen – so können sich die Fleischsäfte verteilen und laufen beim Schneiden nicht aus.

Für die Sauce die Senfkörner in die Pfanne geben, mit einem Schuß Rotwein ablöschen, den Bratsatz losrühren und den Wein einkochen lassen. Die Pfanne vom Herd nehmen, Sauce Demiglace hineingeben und auflösen, den Senf unterrühren. Wieder auf die heiße Herdplatte stellen und kräftig aufkochen lassen.

Zum Schluß erst das Altbier hineingeben (wenn es zu lange kocht, wird es bitter) und noch einmal aufkochen, vorsichtig abschmecken (wenn man will, mit einem Schluck Madeira). Auch gut: ein Stück eiskalte Butter einquirlen, dann darf die Sauce aber nicht mehr kochen, sonst gerinnt sie.

Das Fleisch mit Salz und Pfeffer würzen, die Sauce darübergießen und mit gehackter Petersilie bestreuen.

Demiglace (Braune Grundsauce) sollte man immer im Vorrat haben: Kleingehackte Kalbsknochen anrösten, Wurzelgemüse (Möhren, Sellerie, Zwiebeln) grob würfeln, mitrösten. Pimentkörner, Pfeffer, Wacholderbeeren und Lorbeerblatt zugeben, etwas Tomatenmark, mit Rotwein ablöschen, einkochen und mit Kalbsfond (oder Brühe) gut bedecken. 2–3 Stunden kochen, dabei öfter abschäumen. Die Sauce durch ein Haarsieb gießen, wieder kochen, bis sie konzentriert genug ist. Mit Thymian, Rosmarin, Cayennepfeffer und Madeira abschmecken. Etwas Mehl mit Rotwein verrühren und die Sauce damit binden, nochmals 20 Minuten kochen. Portionsweise tiefkühlen.

Tips

Es ginge auch ein normales dunkles Bier für die Sauce – aber dann wär's eben ein anderes Rezept.
Dazu trinkt man klassisch Altbier, aber ein guter Rotwein wäre auch denkbar.

Fleisch und Wild

Jürgen von der Lippe:

Rinderfilet »Jasco«

800 g Rinderfilet

1 Stange Lauch (Porree)

Öl (möglichst Erdnußöl)

Salz, Pfeffer

1 weißer Rettich

1 kleine Flasche Sojasauce

Für dieses japanische Gericht das Rinderfilet in den Tiefkühler legen und leicht anfrieren lassen (das dauert höchstens 30 Minuten).

Dann das Fleisch hauchdünn aufschneiden. Den Lauch putzen, waschen und in 5 cm lange Stifte schneiden.

In einem Wok etwas Öl erhitzen, zuerst darin den Lauch anschmoren, dann das Fleisch unterrühren und bei starker Hitze ganz kurz rundum anbraten, salzen und pfeffern.

Den Rettich schälen und raspeln (am schnellsten geht es in der Küchenmaschine).

In Portions-Schälchen (Kompottschälchen, nicht so kleine Näpfchen, wie man sie beim Japaner bekommt) je 2 gut gehäufte EL vom geriebenen Rettich geben, mit Sojasauce würzen und mit Salz und Pfeffer abschmecken. Zu dem kurzgebratenen Filet servieren.

Zuerst tunkt man die Fleischscheiben (mit Stäbchen, wenn man möchte) in die Sauce und ißt sie dann. Dazu paßt – multinational – der indische »Reistraum« (Seite 56). Und als Getränk ein japanischer grüner Tee ohne Zucker.

Stefan Raab:

Plumps-Säckchen

4 große, dünn geschnittene Fleischlappen (à 180–200 g, 20–25 cm im Durchmesser, vom Metzger mit der Maschine aus der Rinder-Oberschale schneiden lassen)

1 Stange Lauch

Für die Füllung:

200 g Egerlinge (braune Champignons)

200 g Zucchini

200 g Paprika (rote und grüne)

200 g Gemüsezwiebeln

1 große Knoblauchzehe

Salz, Pfeffer

Olivenöl

1 Dose Tomaten oder 4 frische, gehäutete Tomaten

150 g Emmentaler Käse

Oregano oder Würzmischung »Porterhouse« (nur in Metzgereien erhältlich)

Fleisch und Wild

Das Fleisch eventuell noch dünner klopfen, mit Küchenkrepp trocknen. Die ganze Lauchstange in kochendem Wasser kurz überbrühen und von einigen äußeren Lauchblättern dünne Streifen schneiden, mit denen später die Säckchen zugebunden werden können.

Für die Füllung die Champignons putzen, in dünne Scheiben schneiden. Die Zucchini, die Paprika und die Gemüsezwiebeln in kleine Würfel schneiden. Die Knoblauchzehe in Scheiben schneiden und mit etwas Salz zerreiben, damit der Geschmack intensiver wird.

In einem Topf etwas Olivenöl erhitzen, die Zwiebelwürfel glasig dünsten. Dann das übrige gewürfelte Gemüse mit den abgetropften Tomaten zugeben und einige Minuten zugedeckt dünsten.

Das Gemüse in ein Sieb gießen, abtropfen und etwas abkühlen lassen. Den Emmentaler Käse mit einer Reibe raspeln und unters geschmorte Gemüse mischen. Mit Salz, Pfeffer und Oregano oder der Würzmischung abschmecken.

Den Backofen auf 200°C vorheizen. Die Fleischscheiben auf der Arbeitsfläche auslegen und mit einer dicken Nadel und Küchengarn etwa 2 cm vom Rand entfernt rundum eine Naht anlegen, die Fadenenden sollen zum Schluß unten liegen (damit das Fleisch zusammengezogen werden kann).

Die Gemüsemischung auf die vorbereiteten Fleischscheiben legen, mit dem Faden zu Säckchen zusammenziehen.

Um das Ganze optisch zu verschönern, die Lauchstreifen um das Säckchen zu einer Schleife binden, so daß der Faden verdeckt ist.

Eine ofenfeste Form oder ein Backblech mit Olivenöl ausgießen und die Säckchen daraufsetzen. In den heißen Ofen schieben und 20–25 Minuten braten, bis das Fleisch durchgegart ist.

Zu den Plumps-Säcken serviert man entweder Folien- oder Bratkartoffeln.

Tips

Das witzige Gericht hatte sich Stefan Raab für seine Metzgerprüfung ausgedacht. Doch Fehlanzeige, er mußte etwas völlig anderes zubereiten, kann sich aber an sein Prüfungsmahl nicht mehr erinnern.
Sein Profitip: Die Fleischlappen aus der Oberschale sind dafür am besten. Man könnte auch Hüfte nehmen, doch die käme zu teuer, es wäre Verschwendung für das Stück. Nuß ist meist von Sehnen durchzogen, das Fleisch fällt nachher beim Schneiden auseinander.

Fleisch und Wild

Ulrich Kienzle:

Kutteln in Champagner

Für 4-6 Personen:

1 kg Kalbskutteln, vorgekocht und fein geschnitten

500 g Möhren

2-3 dicke Stangen Lauch (Porree)

2-3 Frühlingszwiebeln

1 Bund glatte Petersilie

2-3 Knoblauchzehen

5-6 Zwiebeln

Butter

1 Glas Kalbsfond

1 Flasche Champagner (oder fruchtiger Riesling)

Kräuter der Provence

3 TL Senf, mittelscharf

2 TL Quittengelee

Salz, Pfeffer, Zitronensaft

2 Eigelbe oder 2 TL Schmand

Cognac

Die Kutteln eventuell noch kleiner (wie Spätzle) schneiden. Möhren und Lauchstangen putzen, in 3 cm dicke Stücke, dann in Streifen schneiden. Die Frühlingszwiebeln putzen und ebenfalls in Streifen schneiden. Die Petersilie waschen, Knoblauch pellen und beides fein hacken.

Die Zwiebeln pellen, in nicht zu feine Würfel schneiden und in einer Pfanne in Butter hellbraun anschmoren. Den Lauch dazugeben, bei starker Hitze etwa 3 Minuten andünsten und mit Champagner ablöschen. Die Möhren und die Frühlingszwiebeln zugeben, mit Knoblauch würzen und den Kalbsfond dazugießen. Die Kutteln in den Topf geben, die Temperatur etwas reduzieren und 30 Minuten köcheln lassen. Zwischendurch immer wieder etwas Champagner nachgießen. Mit Kräutern der Provence würzen und mit dem Senf, dem Quittengelee, Salz, Pfeffer und Zitronensaft abschmecken.

Probieren, ob die Kutteln gar sind. Dann Eigelbe oder Schmand mit etwas Cognac verrühren, zu den Kutteln geben, nur kurz erhitzen. Mit Petersilie bestreut servieren. Dazu paßt frisches Baguette.

Fleisch und Wild

Hannelore Kohl:

Pfälzer Saumagen

Für 8-10 Personen:

1 großer Saumagen (frischer Schweinemagen, beim Metzger vorbestellen)

1 1/2 kg Schweinefleisch (aus Nacken und Schulter)

1 1/2 kg Mett (oder Bratwurstbrät)

1 1/2 kg überbrühte Kartoffeln

Salz

1/2 TL Pfeffer

etwas Muskatnuß, frisch gerieben

1 TL getrockneter Majoran

1/2 TL Koriander

1/2 TL Nelkenpulver

1/2 TL Thymian

1/2 TL Kardamom (gemahlen)

1/2 TL getrocknetes Basilikum

etwas Lorbeerblatt (gemahlen)

50 g Zwiebeln, in Würfel geschnitten

evtl. 1 Schuß Riesling

evtl. 30 g Butterschmalz

Das Fleisch in grobe Würfel schneiden. Die Kartoffeln schälen und in zentimetergroße Würfel schneiden. Fleisch, Kartoffeln und Mett vermischen, mit den Gewürzen und den Zwiebelwürfeln abschmecken.

Den Saumagen unter fließendem kaltem Wasser innen und außen gründlich waschen, mit Küchenkrepp trocknen. Bis auf eine Öffnung zum Füllen die Ausgänge mit Küchengarn fest zubinden. Die Fleisch-Kartoffelmasse einfüllen, wer mag, gibt auch einen Schuß Riesling mit dazu. Der Saumagen darf aber nicht prall gestopft werden – die Füllung dehnt sich beim Garen aus, der Magen würde platzen. Die letzte Öffnung ebenfalls gut zubinden, den Saumagen mit den Händen etwas flachklopfen und mit einer Gabel auf jeder Seite ein- bis zweimal einstechen.

Reichlich Salzwasser aufkochen, den Saumagen in das Wasser legen und die Hitze zurückschalten. Zugedeckt bei schwacher Hitze 3 Stunden garen, nicht kochen lassen.

Den fertigen Saumagen aus dem Sud nehmen, abtropfen lassen und servieren. Erst am Tisch in Scheiben schneiden.

Oder man bräunt den gekochten Saumagen in einem Bräter in heißem Butterschmalz rundum an und läßt ihn im auf 200°C vorgeheizten Backofen knusprig werden.

Dazu frisches Bauernbrot, Sahnepüree oder Pfälzer Kartoffeln, Weinkraut und Pfälzer Wein servieren.

Tip

Sollte etwas vom Saumagen übrigbleiben, kann man den Rest am nächsten Tag in Scheiben schneiden und in zerlassener Butter goldbraun braten.

Fleisch und Wild

Dietmar Schönherr:

Geschmorter Ochsenschwanz

1 1/2 kg Ochsenschwanz in 3-4 cm dicken Scheiben

4 Möhren

1 Knollensellerie

4 Tomaten

100 g durchwachsener, geräucherter Speck

2 Zwiebeln

4-5 Knoblauchzehen

Salz, Pfeffer, etwas Mehl

Sonnenblumen- oder Olivenöl

2 Peperoncini

100 g Rosinen

100 g Pinienkerne

1 Bund frisches Basilikum

1 Tube Tomatenmark

1 Flasche Rotwein (z.B. Badischer Spätburgunder)

Thymian, Oregano, Majoran (frisch oder notfalls getrocknet)

2 Lorbeerblätter

1 Staude Stangensellerie

Ochsenschwanzstücke kurz waschen, mit Küchenkrepp trocknen. Möhren putzen und würfeln, ebenso die Sellerieknolle. Die Tomaten überbrühen, häuten und zerschneiden. Den Speck würfeln, die Zwiebeln pellen und würfeln und 2 Knoblauchzehen durchpressen. Die Ochsenschwanzstücke mit Salz und frisch gemahlenem Pfeffer einreiben, in Mehl wenden, überschüssiges Mehl wieder abklopfen.

In einem großen Schmortopf einen guten Schuß Öl erhitzen, die Ochsenschwanzstücke rundum leicht anbräunen. Die Zwiebeln, Speck und Knoblauch zugeben, anschmoren.

Die zerkleinerten Gemüse zugeben. Zerbröselte Peperoncini, Rosinen, Pinienkerne und gehackte Basilikumblätter unterrühren, 1/4 Flasche Rotwein angießen. Das Tomatenmark einrühren und mit frischem Thymian, Oregano, Majoran und 2 Lorbeerblättern würzen, mit Salz und Pfeffer abschmecken.

Fest zugedeckt bei schwacher Hitze 3 1/2 Stunden leise simmern lassen, ab und zu umrühren. Zwischendurch immer wieder Wein oder Wasser nachfüllen.

Den Stangensellerie gründlich waschen und in kleine Stücke schneiden, 2-3 Knoblauchzehen durchpressen und beides zum Fleisch rühren. Alles zusammen noch gut 30 Minuten köcheln lassen.

Dazu paßt Polenta (Maisgrieß, gekocht, abgekühlt und in Scheiben geschnitten, in Olivenöl gebraten) und Wein der gleichen Sorte, die auch zum Kochen verwendet wurde.

Tips

Die ungewöhnliche Zusammenstellung ist klassisch-römisch. Oftmals wird das Gericht noch extravagant mit Zimt und bitterer Schokolade gewürzt.

Fleisch und Wild

Michael Ballhaus:

Ossobuco alla milanese

4 gleichgroße Scheiben Kalbshaxe, 5 cm dick geschnitten

4 Tomaten

1 Stange Lauch (Porree)

2 Möhren

6 Knoblauchzehen

Olivenöl

1 EL Zucker

100 g kleine schwarze Oliven mit Kern

1 Flasche Frankenwein (weiß)

2 Lorbeerblätter

2 Nelken

frischer Thymian

frischer Oregano (oder getrocknete Provence-Kräuter)

Salz, Pfeffer aus der Mühle

Fleischscheiben abwaschen, mit Küchenkrepp trocknen, gut salzen und pfeffern. Den Backofen auf 150°C vorheizen.

Tomaten überbrühen, häuten und entkernen, grob hacken. Lauch und Möhren waschen und putzen, Knoblauch pellen und alles kleinschneiden.

Einen guten Schuß Olivenöl in einer Pfanne erhitzen und das Fleisch auf beiden Seiten hellbraun anbraten, dann herausheben. Im Bratöl den Zucker karamelisieren lassen. Die gehackten Tomaten zugeben und andünsten, bis sie zerfallen. Etwas später die geschnittenen Gemüse, zum Schluß die Oliven untermischen.

Die Hälfte des Gemüses in einen Bräter füllen. Das Fleisch darauf legen und mit dem restlichen Gemüse bedecken. Weißwein angießen und die Gewürze (Salz, Lorbeer, Nelken, Thymian und Oregano oder Kräuter der Provence) darauf verteilen, etwas Pfeffer darübermahlen. Den Deckel darauf legen und etwa 2 1/2 Stunden im Ofen garen.

Fleisch und Wild

Ralph Morgenstern:

Bœuf Bourguignon

1 kg Rinderschulter (ohne Knochen)

100 g geräucherter Speck

12 kleine Zwiebeln

ca. 5 cm Schale einer unbehandelten Orange

1 Zweig frischer Thymian

1 Lorbeerblatt

1/2 Flasche französischer Rotwein (ein Burgunder oder ein Cabernet Sauvignon)

3 EL Schweine- oder Butterschmalz

1 EL Mehl

1 Knoblauchzehe

Muskatnuß

Salz

1 Bund glatte Petersilie

Das Fleisch mit Küchenkrepp trocknen und in etwa 5 cm große Würfel (also größer als für Gulasch) und den Speck in kleinere Würfel schneiden, dabei alle Knorpel entfernen. Die Zwiebeln pellen. Ein Kräutersträußchen aus Orangenschale, Thymianzweig und dem Lorbeerblatt vorbereiten (alles mit Küchengarn zusammenbinden). Den Wein in einem Töpfchen anwärmen.

Das Schmalz in einem breiten Schmortopf erhitzen, die Speckwürfel anbräunen und wieder herausheben.

Die kleinen Zwiebeln anbraten und herausnehmen, zur Seite stellen. Die Fleischwürfel in dem würzigen Fett auf allen Seiten anbraten, dabei sollen die Stücke nicht übereinander liegen, deswegen eventuell portionsweise bräunen. Zum Schluß das Fleisch mit 1 EL Mehl überstäuben und durchrühren, nußbraun anrösten, dann den Knoblauch durch die Presse dazudrücken (auch die Reste aus der Knoblauchpresse zugeben, sie verkochen).

Die Speckwürfel wieder untermischen und den vorgewärmten Wein angießen, Kräutersträußchen dazugeben, Deckel auflegen und 3 bis 3 1/2 Stunden bei kleiner Hitze leise köcheln lassen. Zwischendurch nachschauen, ob noch genügend Flüssigkeit übrig ist, eventuell etwas kochendes Wasser oder Wein nachgießen.

15 Minuten vor Garzeitende die angebratenen Zwiebeln unter das Ragout mischen, mit einer Prise Muskat und Salz abschmecken. Die Petersilie waschen und fein hacken.

Das Kräutersträußchen (mit Orangenschale) entfernen und das Ragout mit gehackter Petersilie garnieren. Zum Beispiel mit einem Kartoffelgratin servieren.

Auch wenn das Gericht aus dem Burgund ist – ein kalifornischer Cabernet Sauvignon schmeckt sehr gut dazu.

Tips

Keine Schalotten statt kleiner Zwiebeln nehmen – sie verkochen zu schnell. Kurz vor Ende der Garzeit könnte man noch ein paar angebratene Pfifferlinge oder Steinpilze zugeben.

Fleisch und Wild

Die Wildecker Herzbuben:

Rindfleisch mit steifem Reis

1 kg durchwachsenes Rindfleisch zum Kochen, z.B. Schulter oder Hüfte

5–6 Markknochen, vom Kalb oder vom Rind

1 Stange Lauch

1 Zwiebel

1 Lorbeerblatt

Brühwürfel

Salz, Pfeffer

500 g Langkorn-Reis (nicht parboiled)

2–3 altbackene Brötchen

2 Äpfel

1 Tube Meerrettich

Butter

Zucker

Für dieses alte Hochzeitsessen aus der Schwalm (Hessen) wird der Reis in Rinderbrühe so lange gekocht, bis er richtig steif ist. Doch zuerst muß das Fleisch und die Brühe aufgesetzt werden: Die Markknochen und das Fleisch abspülen, in etwa 3 l Wasser aufkochen, abschäumen und zugedeckt leise köcheln lassen. Den Lauch waschen, putzen und kleinschneiden, die Zwiebel nur schälen, halbieren. Mit dem Lorbeerblatt, Brühwürfel und ein wenig Salz zum Fleisch geben, alles 2–3 Stunden bei ganz schwacher Hitze garen.

Dann den Reis waschen, in einem Topf mit einer Tasse kaltem Wasser aufsetzen. Wenn das Wasser ganz aufgesogen ist, etwas von der Rinderbrühe aufgießen. Wenn die Brühe fast aufgenommen ist, eine neue Kelle Brühe dazugießen und wieder fast einkochen lassen. Vorgang wiederholen, bis der Reis gar ist – das dauert 20 bis 30 Minuten. Inzwischen die Brötchen in kaltem Wasser einweichen, fest ausdrücken und in eine Schüssel geben. Äpfel schälen und dazureiben. Den Meerrettich aus der Tube untermischen.

In einer Pfanne etwas Butter erhitzen. Wenn sie bräunt, das Meerrettichgemisch dazugeben und einrühren. Wenn es etwas fester wird, mit Rinderbrühe ablöschen und einrühren. Vorgang wiederholen, bis eine cremige Sauce entstanden ist (das dauert etwa 10 Minuten). Mit Salz, Pfeffer und einer guten Prise Zucker würzen, der Zucker verstärkt das Aroma und nimmt etwas Schärfe vom Meerrettich.

Das Rindfleisch aus der restlichen Brühe heben und in Scheiben schneiden, den Reis und die Meerrettichsauce mit dem Fleisch auf Tellern anrichten und servieren.

Dazu paßt ein gutes, frisches Bier (die Schwalm ist ja kein Weinbaugebiet).

Fleisch und Wild

Walter Plathe:

Eisbein mit Sauerkraut und Erbspüree

2 gepökelte Eisbeine à ca. 800 g

5 Zwiebeln

2 Knoblauchzehen

2–3 Lorbeerblätter

10–15 Pimentkörner

6 EL Schweineschmalz

750 g Sauerkraut vom Faß

1 rohe Kartoffel

Weißwein

Salz, Pfeffer, Zucker

350 g getrocknete grüne, geschälte Erbsen

Muskatnuß

1 Schuß Cognac

weiße Pfefferkörner

1 Glas scharfer Senf

Eisbein ist eine Spezialität von Berlin, dort gibt es sie – wie auch in Niedersachsen und Westfalen – fertig eingelegt. Sonst muß man sich gepökelte Hinterhaxe beim Metzger bestellen.

Am Vortag Eisbeine waschen, in einen großen Topf legen, 2 Zwiebeln, Knoblauchzehen, 1–2 Lorbeerblätter, etwas Piment und 1 EL Schweineschmalz zugeben, mit Wasser bedecken und 3–4 Stunden köcheln lassen (salzen wird wahrscheinlich nicht nötig sein, wenn die Eisbeine ordentlich gepökelt sind).

Ebenfalls am Vortag das Sauerkraut mit 1 kleingeschnittenen Zwiebel, 1 Lorbeerblatt und etwas Piment aufsetzen, die geschälte Kartoffel hineinreiben und etwa 1 1/2 Stunden kochen, zwischendurch einen Schuß Weißwein zugießen. Zum Schluß mit Salz, Pfeffer und einer Prise Zucker abschmecken. Über Nacht kühlstellen (im Kühlschrank oder bei Frost nach draußen).

Die Erbsen über Nacht in knapp 1 l kaltem Wasser einweichen.

Am nächsten Tag das Eisbein im Sud oder in dem Topf mit dem Sauerkraut aufwärmen. Die Erbsen aufsetzen (Vorsicht, kochen leicht über) und zugedeckt bei schwacher Hitze 1 bis 1 1/4 Stunden garen, bis sie zerfallen – bei Bedarf Wasser nachgießen, sie hängen leicht an. Dann 2 EL Schweineschmalz zugeben, mit Salz, Pfeffer, Muskatnuß und einem Schuß Cognac »zerrühren«, bis eine grobe Masse entstanden ist. Die Erbsenmasse mit einer »Flotten Lotte« (oder durch ein Sieb) in einen Topf passieren, das Erbspüree warm stellen.

Die übrigen 2 Zwiebeln schälen und in dünne Ringe schneiden, im restlichen Schweineschmalz kroß anbraten. Über das Erbspüree streuen, zu Eisbein und Sauerkraut servieren. Dazu gibt es den scharfen Senf, damit das Fett leichter verdaulich ist. Und natürlich Bier.

Das ist ein deftiges Wintergericht. Wenn man das gekochte Kraut über Nacht ins Freie stellt, so daß es Frost abbekommt, dann schmeckt es noch besser. In der ehemaligen »Tätärä«, wie Walter Plathe immer sagt, hatten sie den sinnigen Spruch: »Wer im Sommer Kraut klaut, hat im Winter Sauerkraut«.

Fleisch und Wild

Hellmuth Karasek:

Lammkeule

1 Lammkeule, ca. 1,2 kg mit Knochen

1 Stange Lauch (Porree)

2 Möhren

2 rote Zwiebeln

1 kleines Stück Sellerie

3 Knoblauchzehen

1 Petersilienwurzel

je 1/2 Bund Petersilie, frischer Rosmarin, Majoran, Thymian, Salbei (ersatzweise getrocknete Kräuter)

1 Flasche guter trockener Rotwein, z.B. ein Barolo

Olivenöl, Salz, Pfeffer

etwas Lamm- und Kalbsfond

Vermouth, Cognac

Die Lammkeule trockenwischen. Lauch, Möhren, Zwiebeln, Sellerie und Knoblauch putzen und grob zerteilen. Die Petersilienwurzel fein reiben. Die frischen Kräuter waschen und trocknen. Die Kräuter mit dem zerteilten Wurzelgemüse und etwa 1/2 Flasche Rotwein in einem großen Gefrierbeutel mischen, die Lammkeule dazulegen und 24 Stunden oder länger im Kühlschrank marinieren, dabei öfter wenden.

Die Keule aus dem Beutel nehmen, mit Küchenkrepp trocknen und die Marinade durch ein Sieb gießen.

In einem Bräter Olivenöl erhitzen und die Lammkeule scharf rundum anbraten, dann salzen, pfeffern und auf den Rost des Backofens legen. Darunter eine Saftpfanne stellen, um den Saft aufzufangen. Bei 80°C gut 3, besser 4 Stunden braten.

Die durchgesiebte Marinade mit etwas Fond in einem Topf stark einkochen lassen.

Die Lammkeule aus dem Ofen nehmen und fest in Alufolie wickeln. Mindestens 10 Minuten ruhen lassen, damit sich der Fleischsaft verteilen kann.

Den Bratensaft aus der Saftpfanne zu der Sauce geben, mit Salz, Pfeffer, Vermouth und Cognac abschmecken. Das Fleisch in Scheiben aufschneiden und mit der Sauce servieren. Dazu passen weiße und grüne Bohnen und ein sahniges Kartoffelpüree. Und als Wein ein Barolo.

Fleisch und Wild

Bettina Böttinger:

Toskanisches Wildschwein-Ragout

1 kg Frischlings- oder Überläuferkeule, ohne Knochen

2 Möhren

2–3 Stangen Staudensellerie

2–3 Zwiebeln

3–5 Knoblauchzehen

1 Bund glatte Petersilie

2–3 Lorbeerblätter

1 Bund frischer Rosmarin

1/4 l italienischer Rotwein

Muskat, Salz, Pfeffer

Olivenöl

1/4 l Instant-Gemüsebrühe

100 g Rosinen, etwas Grappa

100 g Pinienkerne

brauner Zucker

100 g Zitronat

1 1/2–2 TL ungesüßtes Kakaopulver

3 EL Aceto Balsamico

Fleisch waschen, trocknen und in gulaschgroße Würfel schneiden. Das Gemüse (Möhren, Staudensellerie und Zwiebeln) putzen und in kleine Würfel schneiden, Knoblauch schälen und fein hacken. Petersilie waschen, trocknen und hacken.

In einem großen Schmortopf Olivenöl erhitzen und das Fleisch rundum scharf anbraten. Die Möhren, Staudensellerie, Zwiebeln, den Knoblauch, Lorbeerblätter, Rosmarin und Petersilie (etwas Petersilie zum Garnieren übriglassen) dazugeben und anschmoren. 1 Tasse Rotwein angießen und mit etwas Muskat, Salz und frisch gemahlenem Pfeffer würzen. Etwa 30 Minuten bei schwacher Hitze zugedeckt schmoren lassen. 1 Tasse Gemüsebrühe aufgießen und nochmals 30 Minuten köcheln lassen. Die Rosinen in etwas Grappa einweichen.

Das Fleisch herausnehmen und warmstellen. Die Gemüse im Topf mit einem Mixstab pürieren. Das Fleisch wieder zugeben und zugedeckt bei kleinster Hitze ziehen lassen.

Inzwischen in einer kleinen Pfanne die Pinienkerne ohne Fett leicht anrösten. Etwas braunen Zucker darübergeben, dann das Zitronat, das Kakaopulver und die Rosinen mit dem Grappa dazurühren, kurz anschmoren und mit dem Balsamessig ablöschen.

Diese Würzsauce unter das Fleisch und Gemüse rühren, mit Salz und Pfeffer nachwürzen. Mit der restlichen gehackten Petersilie bestreuen und mit Baguette servieren.

Dazu paßt ein kräftiger italienischer Rotwein, z.B. ein Chianti Classico oder ein Barolo.

Tips

Wildschweine, auch Schwarzwild genannt, sind als Frischlinge (bis zu 1 Jahr) besonders zart, aber auch die Überläufer (1 bis 2 Jahre alt, etwa 50 kg schwer) sind nicht zu verachten. Das Fleisch von älteren Tieren müßte man erst einige Zeit in Rotwein beizen.

Fleisch und Wild

Renate Schmidt:

Rehrücken mit Sauce

1 schöner Rehrücken, küchenfertig, ca. 1,5 kg (frisches Rehfleisch gibt es im Wildfachhandel ab Mitte Mai)

50 g getrocknete Steinpilze (oder frische)

1 großes Stück Knollensellerie

1-2 Stangen Lauch

4-5 Möhren

4-5 Zwiebeln

5 EL Olivenöl

1 TL getrockneter Thymian

2 Lorbeerblätter

10 Wacholderbeeren

1 Glas Wildfond

3 EL eingemachte Preiselbeeren oder 2 EL Johannisbeergelee

Rotwein nach Belieben

Salz, Pfeffer

1 Becher Crème fraîche

4 EL Butter

Rehrücken abspülen, trocknen. Eventuell noch anhaftende Haut und Sehnen entfernen, dabei das Messer dicht unter der Haut entlangführen, damit möglichst wenig Fleisch abgeschnitten wird. Zugedeckt in den Kühlschrank stellen. Die Steinpilze in etwas warmem Wasser 2 Stunden einweichen.

Sellerie, Lauch und Möhren putzen, Zwiebeln pellen und alles in kleine Würfel schneiden. In einem Bräter das Öl sehr heiß werden lassen, darin die Gemüsewürfel anbraten, bis alles leicht angebräunt ist. Thymian, Lorbeerblätter und zerdrückte Wacholderbeeren dazugeben, mit dem Fond ablöschen und Preiselbeeren (oder Johannisbeer-Gelee) und Wein nach Geschmack dazugeben. Das Ganze aufkochen und gut 1 Stunde leise köcheln lassen. Dann die Sauce durch ein Sieb streichen, die Rückstände kräftig ausdrücken.

Backofen auf 200°C vorheizen. Den Rehrücken salzen und pfeffern, in einem großen Bräter in Butter auf der Fleischseite scharf anbraten, dann die fertige Sauce und ein wenig Einweichwasser der Pilze (vorsichtig vom sandigen Bodensatz abgießen) zugeben. Den Becher Crème fraîche auf dem Rehrücken und in der Sauce verteilen und die Steinpilze (frische geputzt und in Scheiben geschnitten) dazugeben. Den Bräter in den heißen Ofen schieben und etwa 30 Minuten braten. Das Fleisch ist dann noch rosa. Wenn es durch sein soll: 10-15 Minuten länger braten (Wildfleisch sollte stets durchgebraten sein, da es Bakterien enthalten kann).

Zum Tranchieren den Rehrücken längs des Rückgrats auf beiden Seiten einschneiden, Fleischstränge von den Rippen ablösen und schräg in Scheiben schneiden. Das Fleisch zu seiner ursprünglichen Form wieder am Knochen zusammensetzen, auf einer Platte anrichten. Die Sauce (eventuell noch etwas einkochen lassen) extra dazu servieren.

Dazu einen guten Rotwein, einen Côtes du Rhône oder einen ordentlichen Italiener oder ein fränkischer Domina (die Rebsorte heißt so).

Süßes und Desserts

Während meine Gäste sonst sehr experimentierfreudig sind – beim Dessert stelle ich eine Vorliebe für deutsche und österreichische Klassiker fest. Vor allem die Mehlspeisen sind sehr gefragt, wobei ich zögere, sie als Nachtisch zu bezeichnen. Sie sind doch sehr gehaltvoll und eigentlich süße Hauptgerichte. Hans Meiser hat das selbst als Kind erfahren, als seine Familie im Urlaub in Österreich – sehr zur Verwunderung des Obers – gleich vier Portionen Salzburger Nockerl als Dessert bestellte. Die unglaubliche und unerwartete Menge dieser mächtigen Nachspeise ist ihm bis heute in Erinnerung geblieben. Eine nette Geschichte hat der »Tag-und-Nacht-Pudding«, der seinen Namen von der sonnengelben Farbe des Puddings und der dunklen Farbe der Sauce hat: Das Rezept stammt ursprünglich von Madame Rokitansky, der Dessertköchin Kaiser Franz Josephs und wurde in der Familie Beikircher treu bewahrt. Der köstliche Pudding soll das Lieblingsdessert des Kaisers gewesen sein.

Süßes und Desserts

Tobias Moretti:

Crème Caramel

3 Eier

1/2 l Milch

7 EL Zucker

2 Vanilleschoten

Die Eier schaumig rühren. Die Milch mit 3 EL Zucker in einen Topf geben. Die 2 Vanillestangen längs aufschlitzen, die Kernchen auskratzen. Kernchen und die aufgeschlitzten Schoten in die Milch rühren und erwärmen (nicht kochen!).

In einer hellen Pfanne oder einem Topf 2 EL Wasser mit 4 EL Zucker bei mittlerer Hitze hellbraun karamelisieren lassen, dabei nicht umrühren. Aufpassen: Der Karamel darf nicht zu dunkel werden, sonst schmeckt er bitter.

Den Backofen auf 180°C vorheizen. Wenn die Milch heiß ist, die Vanilleschoten entfernen und die Milch langsam zu den Eiern rühren.

Die Außenseite von 4 Portions-Puddingförmchen von außen unter kaltem Wasser abkühlen. Den Boden der Förmchen mit dem Karamel ausgießen, die Eiermilch darüberfüllen. Nicht bis zum Rand auffüllen, die Masse geht beim Garen auf.

Die Förmchen in eine hitzefeste Form oder Bratreine stellen, seitlich bis 2 cm unter den Rand kochendes Wasser einfüllen und vorsichtig in den heißen Ofen schieben. Mindestens 30 Minuten stocken lassen, bis die Crème fest ist (beim Drauftupfen ist sie fest-elastisch). Abkühlen lassen und ein paar Stunden in den Kühlschrank stellen.

Zum Servieren den Rand der Crème mit einem spitzen Messer lösen und die Förmchen auf Dessertteller stürzen.

Süßes und Desserts

Heino:

Kaiserschmarrn mit Pflaumenröster

3–4 Eier

140 g Mehl

1/4 l Milch

2 EL Zucker

Salz

evtl. etwas Sahne

125 g Rosinen (am besten vorher etwas in Rum einweichen)

50 g Mandelsplitter

Butter

Puderzucker

Pflaumenröster:

250 g Pflaumen, evtl. aus Glas oder Dose

2–3 EL Zucker

2–3 Nelken

1 Zimtstange

1 unbehandelte Zitrone

2 TL Vanillepuddingpulver

Die Eier sorgfältig trennen, die Dotter in eine Tasse geben und die Eiweiße in einer Schüssel steifschlagen. In einer Rührschüssel die Eigelbe mit Mehl, Milch, Zucker und einer Prise Salz glattrühren (Faustregel: soviel Löffel Mehl wie man Eigelbe hat). Den Eischnee unterziehen, eventuell etwas Sahne dazugeben. Dann die Rosinen und die Mandelsplitter unterrühren.

In einer Pfanne bei kleiner Hitze ein gutes Stück Butter schmelzen lassen, den Teig hineinfüllen und braten.

Ist der Schmarrn halb durchgebacken und zeigt er an der Unterseite Farbe, mit Schwung wenden und fertig backen. Sollte der Schmarrn dabei zerfallen, ist es nicht schlimm, da der fertige Eierkuchen sowieso zerrissen wird.

Also den fertigen Pfannkuchen mit zwei Gabeln in der Pfanne in Stücke reißen, diese unter Wenden noch etwas nachziehen lassen, anschließend mit Puderzucker bestäuben und servieren.

Für den Pflaumenröster die Pflaumen halbieren, entkernen und mit etwas Wasser, dem Zucker, Nelken, Zimt und etwas abgeriebener Zitronenschale (oder einem Stück Schale) weichkochen.

Das Vanillepuddingpulver in etwas Wasser glattrühren und unter die gekochten Pflaumen rühren, aufkochen, bis die Sauce gebunden ist.

Tips

Man kann den Kaiserschmarrn auch mit Himbeersaft (Sirup) oder einfachem Zwetschgenkompott servieren, original gehört aber ein Zwetschgen- oder Pflaumenröster dazu.

Süßes und Desserts

Konrad Beikircher:

Tag- und Nachtpudding

3/8 l Milch

125 g Butter

1 Vanilleschote oder Vanillezucker

1 Prise Salz

125 g Mehl

7 Eier

7 EL Zucker

Butter und Semmelbrösel für die Form

Schokoladensauce:

500 g Blockschokolade

100 g Zucker

In einem Topf die Milch mit der Butter, den ausgekratzten Kernchen der Vanilleschote (oder Vanillezucker), etwas Salz und dem Mehl unter Rühren zu einem Brandteig kochen, bis er sich vom Topfboden löst. Etwas (aber nicht zuviel) abkühlen lassen.

Die Eier trennen. Den Brandteig mit jeweils 1 Eigelb und 1 EL Zucker kräftig verrühren, bis alle Eigelbe verbraucht sind. Die Eiweiße (möglichst mit der Hand) zu steifem Schnee schlagen, mit einer Gabel unter den Brandteig ziehen und langsam und gründlich, aber locker vermischen. So entsteht eine schön flockige, ganz leichte Masse.

Eine Puddingform (sieht aus wie eine Gugelhupfform mit Deckel) dick mit Butter ausstreichen, dünn mit Semmelbröseln ausstreuen und die Teigmasse einfüllen. Die Puddingform gut verschließen und in einen großen Topf stellen, seitlich heißes Wasser aufgießen, bis die Form zu 2/3 im Wasserbad steht. Den Topf mit einem schweren Deckel gut verschließen, eventuell noch ein Handtuch um den Rand des Deckels legen, damit kein Dampf entweichen kann. Etwa 45 Minuten leise köcheln lassen, ohne dabei den Deckel vom Topf abzuheben.

Kurz vor Garzeitende für die Schokoladensauce die Blockschokolade in kleine Stücke schneiden, in einem Topf mit wenig Wasser und etwas Zucker schmelzen lassen. Wenn die Sauce zu dick wird, kann man immer etwas Wasser nachgießen.

Dann die Form aus dem Topf heben, kurz abkühlen lassen und den Pudding in eine flache Schüssel stürzen. Mit der nicht zu dünnflüssigen Schokoladensauce übergießen und servieren.

Tips

Dazu paßt für Erwachsene ein halbtrockener Weißwein. Dieses alte k.u.k.-Rezept hat die Familie von einer Dessertköchin der Hofburg in Wien. Mutter Beikircher sagte immer, es sei eines der Lieblingsrezepte von Kaiser Franz Joseph gewesen.

Süßes und Desserts

Gisela Uhlen:

Sächsische Quarkkäulchen

ca. 1 kg Kartoffeln

100 g Rosinen

150–200 g Mehl

500 g Quark

2 Eier

1 TL Backpulver

80 g Zucker

1 TL Salz

abgeriebene Schale von 1 unbehandelten Zitrone

Pflanzenöl zum Braten

Zucker und evtl. Zimtpulver zum Bestreuen

Die »Gäulschen« sind in Sachsen ein beliebter Nachtisch nach einem leichteren Hauptgericht oder auch als Abendimbiß mit Pflaumenkompott.

Die Kartoffeln als Pellkartoffeln kochen. Die Rosinen mit kochendem Wasser übergießen und 5 Minuten quellen lassen.

Die gekochten Kartoffeln noch heiß pellen, durch eine Kartoffelpresse drücken und das Mehl darübersieben. Quark, Eier, Backpulver, Zucker, und Salz sowie Zitronenschale dazugeben und in einer Schüssel zu einem Teig kneten. Die Rosinen trockentupfen, leicht mit Mehl bestäuben und unter den Teig mischen. Zwei Rollen aus dem Teig formen und in Scheiben schneiden. Mittelgroße Knödel daraus formen und etwas flachdrücken.

In einer Pfanne Öl erhitzen und die Käulchen auf beiden Seiten goldgelb braten. Mit Zucker (und eventuell Zimt) bestreuen. Dazu paßt auch gut ein Apfelmus.

Süßes und Desserts

Hans Meiser:

Salzburger Nockerl

6 Eier

knapp 1/4 l Milch

50 g Butter

2 gestrichene TL Vanillinzucker (oder echten Vanillezucker)

140 g Zucker

6 gestrichene EL Mehl

2 gestrichene EL Puderzucker

Die Eier in Eigelbe und Eiweiße trennen (es darf nicht die geringste Menge Eigelb in das Eiweiß kommen, sonst gelingt die Mehlspeise nicht!).

Die Milch mit der Butter und dem Vanillin- (besser Vanille-) Zucker in eine ofenfeste Form mit hohem Rand füllen und erhitzen. Den Backofen auf 230°C vorheizen.

Die Eiweiße steifschlagen (Test: ein Schnitt mit einem Messer muß eine saubere, scharfe Kante geben), die Hälfte des Zuckers zugeben und den Schnee weiter steifschlagen, bis er fest und glänzend ist. Die Eigelbe cremig rühren.

Den restlichen Zucker und die Eigelbe ganz vorsichtig mit einem Schneebesen unterheben. Das Mehl über die Masse sieben und ebenfalls locker unterziehen.

Die Masse mit einem Löffel als große Nockerl (Klöße) auf die kochende Milch setzen. Ohne die Form zu erschüttern vom Herd nehmen und mit Puderzucker bestäuben.

Die Nockerl in den vorgeheizten Ofen schieben und in 8 bis 10 Minuten goldbraun backen. Sofort ganz heiß servieren.

Dazu könnte man einen fruchtigen, nicht zu süßen Weißwein (einen Sauvignon blanc aus der Steiermark oder dem Burgenland) oder einen österreichischen Sekt trinken.

Das Rezept hat Hans Meiser von einem Freund, einem Hotelier in Österreich. Die Nockerl müssen ganz lockerleicht sein, deshalb Vorsicht: sie vertragen keine Zugluft, wenn sie aus dem Ofen kommen! Die Form darf auch nicht unsanft auf den Tisch gesetzt werden, sonst fallen die Nockerl gleich zusammen und schmecken nur noch wie (Originalzitat) »weichgelaufene Schuhsohlen«.

Emil Steinberger:

Apfelrösti

250-300 g altbackenes Graubrot

2-3 EL Sultaninen (Weinbeeren)

750 g Äpfel

Zucker

Zimtpulver

1 EL Butter

100-200 ml Apfelsaft oder Wasser

Das Graubrot mit der Rinde in dünne Scheiben und dann in Würfel schneiden. Die Sultaninen mit heißem Wasser übergießen, abtropfen und etwas quellen lassen. Die Äpfel schälen und die Kerngehäuse ausstechen, vierteln und in kleine Stücke schneiden. Zucker und Zimt mischen.

Süßes und Desserts

Die Butter in der Pfanne erhitzen, die Brotwürfel dazugeben und rundum anrösten, bis sie schön braun sind. Die Apfelstückchen hineingeben und unter Wenden kurz dämpfen, den Deckel auf die Pfanne legen und ziehen lassen, bis sie etwas zusammenfallen. Mit dem Apfelsaft ablöschen und die Hitze zurückschalten. Die Sultaninen dazugeben und bei geschlossenem Deckel garen, bis die Äpfel weich sind und etwas karamelisieren, sie dürfen aber nicht ganz zerfallen! Mit Zucker und Zimt bestreuen. Aus der Pfanne auf Teller portionieren.

Die Apfelrösti kann mit einer Kugel Vanilleeis als Dessert gereicht werden, oder zu Wild als Beilage, dann allerdings ohne oder mit weniger Zucker und Zimt zubereiten.

Die Rösti (Röschti) wird in der Schweiz normalerweise aus Kartoffeln (»Ärdäpfeln«) bereitet – Emil Steinberger brät sie nach dem Rezept seiner Mutter aus Äpfeln.

Süßes und Desserts

Reinhard Mey:

»Errötendes Mädchen« – ein Dessert

300 g tiefgekühlte Himbeeren

3 Scheiben Pumpernickel

50 g Schokolade-Raspeln

2 EL Himbeergeist oder Kirschsaft

1/2 Becher Sahne (125 g), gut gekühlt

2 Becher Sahne-Joghurt (à 150 g)

2 Beutel Vanillezucker

Die Himbeeren leicht antauen lassen (sie dürfen aber nicht zu weich werden). Die Pumpernickel-Scheiben zerbröseln (oder im Blitzhacker kurz zerkleinern) und in eine Glasschüssel geben, mit den Schoko-Raspeln vermischen und mit Himbeergeist tränken (wenn das Dessert für Kinder ist, Kirschsaft oder einen anderen Fruchtsaft nehmen). Die gut gekühlte Sahne in einer Schüssel steif schlagen.

Den Joghurt mit Vanillezucker glatt verrühren, die Schlagsahne unterziehen. Diese Masse auf die Bröseln schichten, zuletzt eine Schicht Himbeeren daraufsetzen. Am besten noch etwas im Kühlschrank durchziehen lassen.

Von diesem schnellen Dessert gibt es eine ganze Reihe von Varianten: Die Schichtspeise aus Brot und Obst mit Quark oder Sahne soll ursprünglich aus Ostpreußen stammen, allerdings ist Pumpernickel eine westfälische Spezialität. Der seltsame Name kann aus einem alten Wort für »Poltergeist« entstanden sein – nach dem Gefühl, das das Brot beim ungeübten Esser erzeugt. Die Sudeten gossen dagegen eine Vanillecreme über Obststückchen und Biskuits.

Es eignet sich jedes dunkle, altbackene Brot, das grob gerieben wird. Oder Sie nehmen Zwieback- oder Keksbrösel (besonders gut sind trocken gewordene Kokosmakronen).

Und statt Himbeeren schmeckt es auch mit frischem Obst, zum Beispiel klein geschnittenen Äpfeln oder Birnen, gemischt mit entsteinten Kirschen oder Trauben.

Süßes und Desserts

Elisabeth Volkmann:

Reiberdatschi (Reibekuchen) mit Apfelkompott

8 (männerfaust-) große Kartoffeln, die Hälfte von der Sorte Sieglinde (festkochend), die anderen mehlig-festkochend

1 große Gemüsezwiebel

2-4 Knoblauchzehen

200 g Magerquark (Topfen)

grob gemahlener schwarzer Pfeffer (oder Steakpfeffer)

Salz

2 EL Grieß

neutrales Pflanzenöl zum Braten

Apfelkompott:

1/8 l Weißwein

4 EL Zucker

Schale von 1 unbehandelten Zitrone

1 Zimtstange

750 g Äpfel

Die Kartoffeln waschen und schälen. Auf einer Gemüsereibe (mit der Hand, am besten einen Küchenhandschuh dabei anziehen) nicht zu grob und nicht zu fein in eine Schüssel raspeln. Schneller ginge es zwar mit der Küchenmaschine, aber dann werden die Reibekuchen eben nicht so, wie sie sein sollen. Falls die Kartoffeln zu viel Wasser gezogen haben, etwas abgießen, die Masse darf aber nicht so trocken wie für Knödel sein.

Die dicke Zwiebel (sie ist milder und brennt nicht so in den Augen) pellen und ebenso wie den geschälten Knoblauch zu den Kartoffeln reiben (wieder mit der Hand). Den Quark, groben Pfeffer, Salz und Grieß zugeben. Alles gut vermengen.

Reichlich Pflanzenöl (die Kartoffelpuffer sollen ein bißchen schwimmen können) in einer großen schweren (möglichst gußeisernen) Pfanne stark erhitzen. Die Kartoffelmasse in handtellergroßen Fladen in die Pfanne geben und knusprig ausbacken. Die fertigen auf Küchenkrepp abtropfen lassen.

Fürs Apfelkompott 1/4 l Wasser, Weißwein, Zucker, Zitronenschale und Zimtstange in einen Topf geben. Die Äpfel schälen, in Stücke schneiden und das Kerngehäuse ausschneiden. Die Apfelstücke in den Sud legen, etwa 5 Minuten köcheln lassen, bis das Kompott gar, aber noch stückig ist. Die genaue Garzeit hängt von der Apfelsorte ab.

Zu den Reiberdatschi schmeckt ein spritziges Weißbier oder ein trockener Weißwein.

Tips

Die Bayern sagen »Reiberdatschi«, die Kölner »Riefkoche«, aber die Reibekuchen mit Quark sind eine sudetendeutsche Spezialität. Durch den Quark bleiben die geriebenen Kartoffeln schön hell. Dazu paßt auch Rübenkraut (dunkler Zuckerrübensirup) oder (edel) gebeizter Lachs (und Champagner). Reste schmecken auch kalt auf Schwarzbrot mit Butter.

Süßes und Desserts

Rosi Mittermaier:

Dampfnudeln

125–250 ml lauwarme Milch

20 g Zucker

1 Päckchen Hefe

500 g Mehl

1 TL Salz

20 g Margarine

2 Eier

1 EL Butter oder Butterschmalz

1 EL Margarine

1 EL Pflanzenfett

Für das Hefeteigerl die lauwarme Milch mit Zucker und Hefe verrühren. Hefeansatz 15 Minuten gehen lassen.

Das Mehl in eine große Schüssel füllen, in der Mitte eine Vertiefung eindrücken. An den Mehlrand Salz, Margarine und die Eier geben. Das Hefeteigerl in die Mitte füllen.

Alles zu einem Teig verrühren und kneten, bis er Blasen wirft und sich von der Schüssel löst. Dann an einem warmen Fleck 1 Stunde gehen lassen.

Nach der Stunde an einem zugfreien Platz aus dem Teig mit einem Eßlöffel runde Klöße (Nudeln) abstechen und auf ein Brett legen, mit einem Tuch abdecken und wieder eine Weile gehen lassen.

Butter, Margarine und Pflanzenfett in einen schweren Topf mit dicht schließendem Deckel geben, soviel Wasser dazu gießen, daß der Boden bedeckt ist. Die Nudeln hineinlegen und zugedeckt etwa 30 Minuten bei kleiner Hitze garen – den Deckel nicht öffnen, sonst fallen sie zusammen!

Dazu schmeckt sehr gut Vanillesauce und das Birnenkompott von Christian Neureuther.

Christian Neureuther:

Birnenkompott

4 schöne Birnen

Weißwein, Zucker

1 Zimtstange

1 unbehandelte Zitrone

Birnen schälen, vierteln, Kerngehäuse ausschneiden. In einem Topf mit einem Schuß Weißwein übergießen, mit der Zimtstange, etwas dünn abgeschnittener Schale von einer unbehandelten Zitrone und Zucker nach Geschmack gar, aber nicht zu weich kochen.

Süßes und Desserts

Prof. Dr. Klaus Töpfer:

Mohnbabe – Mohnkuchen nach Onkel Alfred

Für zwei Kuchen:

500 g Mehl

1 Beutel Trockenhefe oder 1 Würfel frische Hefe

1/8-1/4 l Milch

100 g Zucker

1/2 TL Salz

1 Ei

3-4 Tropfen Zitronenöl

Füllung:

500 g Mohn - frisch gemahlen (in Mohnmühle ganz fein)

150 g Rosinen

125 g gehackte Mandeln

3 Eier

200 g Zucker

125 g flüssige Margarine oder Butter

100 g Zitronat

1/4-1/2 l warme Milch

Für den Teig (alle Zutaten sollen Zimmertemperatur haben) das Mehl in eine Schüssel sieben und eine Mulde eindrücken. Die Hefe in die Mulde streuen oder bröckeln und mit der erwärmten Milch und einer Prise Zucker verrühren. Mit einem Tuch abdecken und 30 Minuten gehen lassen.

Den restlichen Zucker, Salz, Ei und Zitronenöl dazugeben und verrühren, mit einem Teigkneter oder den Händen zu einem glatten Teig verarbeiten und gründlich kneten und schlagen, bis ein geschmeidiger Teig entstanden ist. Mit einem Tuch abdecken und an einem warmen Fleck wieder 30 Minuten gehen lassen.

Den Backofen auf 180°C vorheizen. Eine Kastenform von etwa 35–36 cm Länge mit Margarine ausstreichen.

In der Zwischenzeit die Fülle vorbereiten: Alle Zutaten in eine Schüssel geben und vermischen, so daß eine geschmeidige Masse entsteht.

Ein großes Brett mit Mehl bestäuben. Den Teig in zwei Hälften teilen. Je eine Hälfte mit einem Nudelholz ganz dünn ausrollen. Die Hälfte der Mohnfülle gleichmäßig auf dem Teig verstreichen. Den Teig von hinten nach vorne einrollen und in die Kastenform fallen lassen. Im heißen Ofen 45–50 Minuten backen, bis die Oberfläche gut gebräunt ist.

Schön als Nachtisch mit einem guten Wein (z.B. trocken ausgebaute Riesling-Auslese von der Mosel).

Tips

Dieser schlesische Kuchen wird traditionell zu Weihnachten gebacken. Das Rezept stammt von Onkel Alfred (nicht Biolek, sondern Neumann, Bäckermeister in Potsdam). Mohn wird im Herbst geerntet und schmeckt im Winter am besten.

Süßes und Desserts

Wencke Myhre:

Norwegischer Eisberg

5 Eiweiße, etwas Zucker

3 Scheiben einfacher, fertig gekaufter Sandkuchen

etwas Grand Marnier (Orangenlikör)

1 große, rechteckige Packung Vanilleeis (wie Kuchenform)

Beeren nach Belieben, z.B. tiefgekühlte Himbeeren

Den Backofen auf volle Hitze (mindestens 250°C) vorheizen.

Die Eiweiße (es darf kein Eigelb dabei sein) in einer sauberen Schüssel mit etwas Zucker schlagen, bis der Schnee gut steif und cremig ist.

In eine flache Form (aus hitzefestem Porzellan) 3 Scheiben von dem Sandkuchen zu einem Rechteck nebeneinander legen, das so groß ist wie der Vanilleeisblock. Den Kuchen mit etwas Grand Marnier beträufeln.

Das Vanilleeis auf die Sandkuchenstücke stürzen und mit dem Eischnee bestreichen, so daß das Eis ganz bedeckt ist.

Den »Eisberg« etwa 3 Minuten in den heißen Backofen stellen, bis der Eischnee leicht angebräunt ist. Herausnehmen und mit den Beeren garniert sofort servieren. Mit einem sehr scharfen Messer oder mit einem elektrischen Schneidemesser portionieren.

Ein ganz schnelles, witziges Dessert, das auch praktisch ist: Eis, tiefgekühlte Himbeeren und Sandkuchen im Frischepack kann man immer im Vorrat haben. Und für die Eigelbe findet sich eine geeignete Weiterverwendung – für eine Weinschaumsauce, gehaltvolle Rühreier, zum Legieren von Suppen und Saucen.

Süßes und Desserts

Dr. Regine Hildebrandt:

Frankfurter Kranz

4 Eier

250 g Zucker

1/2 Tütchen Backpulver

200 g Speisestärke (Weizenstärke)

50 g Maisstärke

Margarine für die Form und den Krokant

1/2 l Milch

3 Tütchen Vanillesaucenpulver (zum Kochen!)

Zucker

250 g Margarine (zimmerwarm)

1/2 Paket grobe Haferflocken

Für den Teig den Backofen auf 220°C vorheizen. In einer Schüssel die 4 Eier verrühren, 250 g Zucker zugeben und mit einem Handrührgerät schaumig quirlen, bis sich der Zucker aufgelöst hat. Dann Backpulver, Weizen- und Maisstärke untermischen, eventuell 2–3 EL Wasser zugeben, wenn der Teig nicht weich genug ist. Eine Frankfurter-Kranz-Form (runde Form mit Loch in der Mitte) ausfetten, Teig einfüllen und im Ofen etwa 20 Minuten backen (vorher nicht die Ofentür öffnen). Dann aus dem Ofen nehmen, abkühlen lassen.

Für die Creme die Milch erhitzen, das Vanillesaucenpulver anrühren und in die kochende Milch rühren, mit Zucker süßen. Zu einer dicken Sauce kochen, abkühlen lassen (öfter rühren, damit es keine Haut gibt). 250 g weiche Margarine in einer Schüssel schaumig rühren (wieder mit dem Handrührer) und die Puddingsauce unterziehen.

Für den Krokant in einer Pfanne etwas Margarine erhitzen, die Haferflocken anrösten, bis sie leicht gebräunt sind. Dann einen Löffel Zucker darüberstreuen – feste mit einer Gabel rühren, er wird sofort braun. Kräftig rühren, bis die Haferflocken vom Karamel überzogen sind, sofort die Pfanne vom Herd nehmen und den Inhalt auf einen kalten Porzellanteller kippen.

Für die Torte den erkalteten Kuchen stürzen (er muß richtig kalt sein, sonst bröselt er), mit einem großen Messer oder einer Palette waagerecht in mindestens 5 Scheiben teilen – je mehr, desto besser.

Jede Scheibe mit der Puddingcreme bestreichen, dann die nächste Scheibe passend auflegen, Creme darauf und so weiter, bis man oben ist. Zum Schluß die Torte von außen mit Creme bestreichen und mit dem zerbröselten Haferflocken-Krokant garnieren. Möglichst noch einige Zeit in den Kühlschrank stellen, damit er schnittfest wird.

Tips

Traditioneller Geburtstagskuchen im Hause Hildebrandt, wie er seit den 50er Jahren gebacken wird: Mit Margarine- statt Buttercreme und gerösteten Haferflocken statt Mandeln. Am besten schmeckt er, wenn er einen Tag im Kühlschrank gestanden hat. Wenn's schnell gehen muß: den Kuchen für 10 Minuten in den Tiefkühler stellen.

Rezeptregister

Rezepte von A bis Z

A/B

Aïoli auf Röstbrot – »La Rouille« (Marlène Charell)	25
Angemachter Frischkäse (Isabel Varell)	20
Apfelrösti (Emil Steinberger)	134
Artischocken mit grüner Sauce (Esther Schweins)	21
Auberginenterrine (Lea Linster)	28
Avocado-Creme (Sissi Perlinger)	24
Backesgrumbeere (Rainer Brüderle)	40
Backhendl (Friedrich Jahn)	96
Bauernbrot, Selbstgebackenes (Witta Pohl)	29
»Beduinenobst« (Wim Thoelke)	58
Birnen, Bohnen und Speck (Heidi Kabel)	46
Birnenkompott (Christian Neureuther)	138
Blaukraut (Renate Schmidt)	59
Bœuf Bourguignon (Ralph Morgenstern)	122
Böhmische Knoblauchsuppe (Pavel Kohout)	35
Borschtsch (Jule Neigel)	36
Brotsuppe (Heinz Hoenig)	33
Bruschetta (Isabel Varell)	20

C/D

Chicken-Stoup (Elke Sommer)	42
Chili con carne (Dirk Bach)	48
Classic Bellini (Hardy Krüger jr.)	18
Couscous (Herbert Feuerstein)	45
Crème Caramel (Tobias Moretti)	130
Curryhühnchen, Thailändisches (Ingrid Steeger)	98
Dampfnudeln (Rosi Mittermaier)	138
Doppelt gekochtes Schweinefleisch aus dem Wok (Gerd Ruge)	114

E/F

Eisbein mit Sauerkraut und Erbspüree (Walter Plathe)	124
Ente bayrisch-surinamisch (Marianne Sägebrecht)	104
Entenreis, Persischer (Dr. Michael Vesper)	79
»Errötendes Mädchen« – ein Dessert (Reinhard Mey)	136
Feines Linsensüppchen (Marita Blüm)	38
Fisch, Gefilter (»Express-Variante«, Dr. Salcia Landmann)	92
Fisch, Selbstgeräucherter (Petra Schürmann)	86
Fisch, Thailändischer (Klausjürgen Wussow)	89
Forelle in Rotweingelee (Bernd Weikl)	86
Forellenmousse mit roter Buttersauce (Michaela May)	26
Frankfurter Kranz (Dr. Regine Hildebrandt)	141
Frischkäse, Angemachter (Isabel Varell)	20
Frühlingsrollen, Thailändische (Marion Kracht)	23

G/H

Gefilter Fisch (»Express-Variante«, Dr. Salcia Landmann)	92
Gefüllte Kalbsröllchen (Frank Elstner)	112
Gefüllte Paprikaschoten (Montserrat Caballé)	60
Geschmorter Ochsenschwanz (Dietmar Schönherr)	120
Gnocchi alla Franca (Franca Magnani)	70
Gnocchi al burro con salvia (mit Butter und Salbei, Franca Magnani)	71
Grüne Nudeln à la Roberto (Roberto Blanco)	77
Grünkernsuppe (Marusha)	34
Grünkohl mit Pinkel und karamelisierten Kartoffeln (Sabine Kaack)	51
Grusinisches Huhn (Cornelia Froboess)	100
Gurkensuppe mit Joghurt (Allegra Curtis)	32
»Homard pour le pauvre« – Langustenragout (Christa Ludwig)	91
Huhn, Grusinisches (Cornelia Froboess)	100
Hühnerfrikassee, Pikantes, à la Lindenstraße (Marie-Luise Marjan)	96

J/K

Jakobsmuscheln auf Christstollen (Elke Koska und HA Schult)	84
Jambalaya (Wolfgang Fierek)	43
Kaiserschmarrn mit Pflaumenröster (Heino)	131
Kalbsröllchen, Gefüllte (Frank Elstner)	112
Kalte Kartoffel-Lauchsuppe (Vichyssoise, Rolf Sachs)	32
Karpfen, Überbackener, sächsisch mit Apfelsauce (Ingrid Biedenkopf)	90
Knoblauchsuppe, Böhmische (Pavel Kohout)	35
Kohlrabi-Eintopf mit Kasseler und Gänsekeulen (Henry Maske)	50
Kohlrouladen mit Champignonfüllung (»Die Prinzen«)	61
Kohlrouladen mit griechischer Füllung (»Die Prinzen«)	60
Kohlrouladen mit Hackfleischfüllung (»Die Prinzen«)	62
Kohlrouladen mit Thüringer-Bratwurst-Füllung (»Die Prinzen«)	63
»Köstliches Gekicher« (Christine Kaufmann)	22
Kürbissuppe, Spanische (Nadja Tiller und Walter Giller)	34
Kutteln in Champagner (Ulrich Kienzle)	118

L/M/N

»La Rouille« – Aïoli auf Röstbrot (Marlène Charell)	25
Lachspudding mit Krabbensauce (Christiane Herzog)	88
Lammkeule (Hellmuth Karasek)	125
Langustenragout – »Homard pour le pauvre« (Christa Ludwig)	91
Lauchsuppe, Vegetarische (Reinhard Mey)	38
Lauchzwiebeln in Grauburgunder mit Parmesanspänen (Wolf Uecker)	54

Rezeptregister

Linsen mit Reis und »Kanadischer Rose« (Pavel Kohout) 46
Linsensüppchen, Feines (Marita Blüm) 38
Liptauer mit Pellkartoffeln (Maria Schell) 19
Mohnbabe – Mohnkuchen nach Onkel Alfred (Prof. Dr. Klaus Töpfer) 139
Morchelsauce zu Spaghetti (Evelyn Hamann) 66
»Neu-England-Sommerfisch-Eintopf« (Summerfish Stew, Helen Schneider) 93
Nockerl, Salzburger (Hans Meiser) 134
Norwegischer Eisberg (Wencke Myhre) 140
Nudeln alla keka (Alice und Ellen Kessler) 67
Nudeln mit Steinpilzsauce (Alice und Ellen Kessler) 68
Nudeln, Grüne, à la Roberto (Roberto Blanco) 77
Nudeltaschen, Türkische (Mantı, Renan Demirkan) 73

O/P/Q

Ochsenschwanz, Geschmorter (Dietmar Schönherr) 120
Ossobuco alla milanese (Michael Ballhaus) 121
Pappardelle alla Crudella (Tobias Moretti) 66
Pappardelle mit Entenbrust (Hardy Krüger jr.) 76
Paprikaschoten, Gefüllte (Montserrat Caballé) 60
Parmesan-Auberginenauflauf (Hape Kerkeling) 47
Perlhuhn mit Mirabellen (Dr. Franz-Josef Antwerpes) 102
Persischer Entenreis (Dr. Michael Vesper) 79
Persisches Safranhuhn (Veronica Ferres) 101
Pfälzer Saumagen (Hannelore Kohl) 119
Pikantes Hühnerfrikassee à la Lindenstraße (Marie-Luise Marjan) 96
Pilchjes-Pfannkuchen (Rita Süssmuth) 39
Pilz-Nudel-Pfanne (Heiner Geißler) 75
Plumps-Säckchen (Stefan Raab) 116
Provenzalische Tomaten (Marlène Charell) 18

Putenleber in Jägersauce (Wolfgang Völz) 105
Putensteaks mit Liebstöckelsauce (Jochen Busse) 106
Quarkkäulchen, Sächsische (Gisela Uhlen) 133

R

Rehrücken mit Sauce (Renate Schmidt) 127
Reiberdatschi (Reibekuchen) mit Apfelkompott (Elisabeth Volkmann) 137
»Reistraum« (Jürgen von der Lippe) 56
Riesengarnelen mit Gemüse auf Basmati-Reis (Nkechi Madubuko) 78
Rinderfilet »Jasco« (Jürgen von der Lippe) 116
Rindfleisch mit steifem Reis (Die Wildecker Herzbuben) 123
Ron's Spare Ribs (Ron Williams) 113
Rote Bete mit Mayonnaise (Alice Schwarzer) 27
Rumpsteaks in Altbier-Senf-Sauce (Campino und Kuddel) 115

S

Sächsische Quarkkäulchen (Gisela Uhlen) 133
Safranhuhn, Persisches (Veronica Ferres) 101
Saltimbocca alla Romana mit Zucchini (Thomas Reiter) 110
Saltimbocca-Röllchen alla Lazlo (Viktor Lazlo) 110
Salzburger Nockerl (Hans Meiser) 134
Sauerampfersuppe (Maren Kroymann) 37
Saumagen, Pfälzer (Hannelore Kohl) 119
Saunudeln (Karl Dall) 69
Schnelle Tomatensauce (Franca Magnani) 70
Schweinefleisch, Doppelt gekochtes, aus dem Wok (Gerd Ruge) 114
Selbstgebackenes Bauernbrot (Witta Pohl) 29
Selbstgeräucherter Fisch (Petra Schürmann) 86
Spaghetti mit Algen und Garnelen (Petra Schürmann) 74
Spanische Kürbissuppe (Nadja Tiller und Walter Giller) 34

Spare Ribs, Ron's (Ron Williams) 113
Spätzle (Joschka Fischer) 72
Spinat-Hirse-Auflauf (Barbara Rütting) 49
Spinatknödel (Maria und Margot Hellwig) 57
Steinbeißer im Folienpäckchen (Wencke Myhre) 85
Stuffed Turkey – Truthahn mit zwei Füllungen (Dame Gwyneth Jones) 106
Sweet Corn and Crab Chowder (Leslie Malton) 44

T

Tag- und Nachtpudding (Konrad Beikircher) 132
Terrine von Räucherlachs mit Krabben oder Shrimps (Björn Engholm) 82
Thailändische Frühlingsrollen (Marion Kracht) 23
Thailändischer Fisch (Klausjürgen Wussow) 89
Thailändisches Curryhühnchen (Ingrid Steeger) 98
Tintenfisch-Risotto (Blixa Bargeld) 83
Tiropite mit Quark und Spinat (Nana Mouskouri) 25
Tomatensauce, Schnelle (Franca Magnani) 70
Topinambur und Spargel mit Möhrencreme (Sissi Perlinger) 55
Toskanisches Wildschwein-Ragout (Bettina Böttinger) 126
Truthahn mit zwei Füllungen – Stuffed Turkey (Dame Gwyneth Jones) 106
Türkische Nudeltaschen (Mantı, Renan Demirkan) 73

U–Z

Überbackener Karpfen sächsisch mit Apfelsauce (Ingrid Biedenkopf) 90
Vegetarische Lauchsuppe (Reinhard Mey) 38
Wildschwein-Ragout, Toskanisches (Bettina Böttinger) 126
Won-Ton-Suppe (Nicole) 41
Zimthuhn mit gespickter Zwiebel (Jutta Speidel) 103
Zitronenhuhn (Alice Schwarzer) 99